SHODENSHA
SHINSHO

石の密使　辻政信

望

祥伝社新書

まえがき

辻政信という軍人の存在は、日本近代史における最高に刺激的な劇薬である。

戦時下、いったん捕虜になったのち帰還してきた兵士に、何の権限もなく自殺強要を繰り返す。国境紛争の停戦交渉にやってきた相手国の外交使節団に暗殺の脅迫をする。二度にわたる総理大臣暗殺計画。軍上層部の命令を偽造して企てた敵軍捕虜の大量虐殺。敵軍捕虜の人肉試食。これらは辻の犯した「悪」の一部にすぎない。

現代日本のあらゆる凶悪犯の「悪」を軽々超えてしまう存在だ。よほどの想像力を駆使しなければ、辻政信という日本人を理解することはできない。気楽な気分で辻の人生を遠目に眺める、というわけにはとてもいかない。

いったい、これほどの絶望的な人物が、軍内部の規律によって罰せられることがなかったばかりか、理不尽なまでの厳しさをもって知られた連合軍の戦犯指定・逮捕をも免《まぬが》れてしまったのは、どのような理由であろうか。想像を超えた「悪」が、想像を超えた「謎」に結びつく。

辻政信は自著で、戦犯指定を回避しえたのは、連合軍の占領期間が終わるまでの数年にわたる自分の英雄的な逃避行にあると誇らしげに語り、多くの歴史家も、それに従ってきた。辻はこの自伝の執筆によってベストセラー作家にもなり、その人気を利用して、戦後民主主義の一角を占める政治家にもなっている。しかしこの逃避行についての通説は、つい最近の驚くべき新資料の発見によって、簡単に覆《くつがえ》ってしまった。

戦犯を逃れるための逃避行というのは、辻の巧妙なフィクションであった。その実、辻はおそろしいある政治的なパワーと結びついて、心安らかに延命していたのだった。辻政信の高笑いが聞こえてきそうである。縦横無尽につくりあげた自分の「謎」を理解できない、日本人の貧困な実証主義を嘲《あざけ》る笑い声だ。

有名な人生最後のラオスでの失踪劇についても、新資料の出現により、辻に関する評伝の終章が、すべて無意味になってしまった。歴史上の人物の中には時として真実を隠すために、「完全犯罪」のような演技をする輩《やから》がいる。辻の人生はその典型だ。よほど深い読み解きをしなければ、辻政信という魔物は、たちまち私たちから遠ざかってしまう。

本書で私は、辻に関しての既存の資料はもとより、新しく発見された資料をなるべく丁寧に読み解きながら、可能性があると思われる幾つかの仮説も展開してみた。私なりの胆力で、辻政信という劇薬を消化してみたつもりだ。

あの世にいる辻が本書を読んで、彼が隠し続けた「謎」に近づいたと唸《うな》るか、それともやはり無駄な新解釈として高笑いするかはわからない。しかし少なくとも、今までにない辻政信についての伝記であるという事実は、彼も認めてくれるものと思っている。

平成二十五年十月十日

渡辺《わたなべ》　望《のぞむ》

目次

目次

第一章　「魔の参謀」の誕生と完成　31

第二章　「魔の参謀」と「東洋の魔神」の接点　97

第三章　新資料が明かす「終焉」の謎 161

序章　辻政信とは何者《なにもの》か

辻政信という「魔女」

シェイクスピアの『マクベス』で、肝心な場面のたびに、主人公マクベスをより悲劇的な方向へとそそのかす三人の魔女が出てくる。物語の中で時折登場するこの魔女たちの存在は、とても不気味である。

しかしこの魔女たちの存在こそが、悲劇へと転落していくマクベスの存在を、ただの馬鹿な男ではなく、悲劇的な奸雄《かんゆう》というものに高めている物語上の力なのではないかと思う。「三人の魔女」と悲劇というのは、ヨーロッパの世界では古来から神話上のかかわりがあったようで、たとえば北欧神話では運命を司《つかさど》るノルン三人姉妹がいて、姉妹の一人スクルドが、戦場での勝敗と生死を決するワルキューレ神の一人になる。ギリシア神話では英雄ペルセウスを惑わすグライアイ三姉妹の魔女ぶりがよく知られている。

日本が直面した大東亜戦争において、「魔女」に相当する人物こそ辻政信と指摘する歴史家は少なくない。

軍での最高階級が大佐にすぎなかったにもかかわらず、日本が戦争の行方を左右するような重大な場面において、かならずといってよいほど、その場に居合わせ、意思決定にかかわり、日本が悲劇的な結末へ向かうようにと導く。その結果、現実に悲劇が襲いかかってくる頃になると、肝心の彼の姿は消えてしまう（責任を取らされることもなく、他の部署に配置転換になってしまう）。

一介の参謀にすぎなかった辻の独断専行が日本軍の失敗に結びついたエピソードを挙げていけばきりがない。ノモンハン、シンガポール、ポートモレスビー、ガダルカナル、インパールなどなど。

さらには作戦上の独断専行にとどまらず、自軍捕虜への自殺強要、大本営の命令偽造、作戦ミスの上司への責任押し付け、さらには敵軍捕虜の人肉試食などのおそろしい疑惑の数々を、各戦場で引き起こしているのだ。

この人間がいなかったら、どれだけ日本と日本軍にとって幸いなことだったろうか、とすら思えてしまう。それほど理解できないことが多いし、そうした人間の存在自体が、実に不可思議というしかない。

終戦後は、あろうことか敵陣営の蔣介石《しょうかいせき》のもとに逃走し、今度はその幹部として活動、ついには戦犯指定を回避してしまう。戦後は戦場での経験を記した自伝を著してベストセラー作家となり、その人気を生かして戦後民主主義を担《かつ》ぐ国会議員に当選する。最後は議員の身分のままラオスに潜入して行方不明になり、その後の消息は杳《よう》としてわからず、真相はいまだに謎とされている。

テロリストとしても一流の素質を持っていたらしく、総理であった近衛文磨《このえふみまろ》の暗殺を計画し、戦後は吉田茂《よしだしげる》の暗殺を画策した疑いも持たれている。まさに「魔女」でなければできない現世と地獄の行き来である。

辻政信に馴染《なじ》みのない人間は、軍隊での最高階級が大佐にすぎない彼に、なぜそのような大規模な問題行動が可能であったか首を傾げるのではないかと思う。また、テロリスト紛《まが》いの戦犯容疑者の彼が国会議員となったのはいったいどういうことなのかと、疑問を感じるに違いない。

辻政信についての専門的議論を展開するためだけでなく、これら常識的な見地からの疑問に答えていくためにも、それには、予備知識として辻の人生全体のアウトラインをまず把握しておく必要がある。その経歴を簡単に追ってみることにしよう。

ノモンハン事件において、辻は何をしたか

辻政信は明治三十五年（一九〇二）、石川県江沼《えぬま》郡東谷奥村《ひがしたにおくむら》、現在の加賀《かが》市山中《やまなか》温泉に

生まれた。苦学して山中高等小学校、名古屋陸軍地方幼年学校、陸軍中央幼年学校、陸軍士官学校と進み、陸軍大学校を卒業する。幼年学校、士官学校は首席、陸軍大学校は三番という優秀な成績での卒業であった。卒業後、故郷に近い金沢の歩兵第七連隊への配属を経て、参謀本部第一課、陸軍士官学校に勤務、のちに関東軍に転勤して司令部参謀となり、ノモンハン事件に関与する。辻の名前が日本全体に有名になるのは、これ以降のことである。

ノモンハン事件は、昭和十四年（一九三九）の五月から九月にかけて、数次にわたって展開された日本とソ連の国境紛争である。厳密にいえば満州国とモンゴル人民共和国との国境紛争から始まった紛争であるが、満州国の背後にいる日本＝関東軍と、モンゴルの背後にいるソ連との争いへと紛争は拡大していった。ノモンハンというのは満州国とモンゴルの国境にあるモンゴル人村落の名前で、同年五月十一日、モンゴル軍の小部隊が国境線を越えてきたのを満州国軍が迎撃し、両者の間に小競《こぜ》り合《あ》いが始まった。

日中戦争の長期化に苦しむ日本側としては、当初、この紛争を重視せず、陸軍第二十三師団だけで事態に対処しようとした。しかしソ連側は日本軍をはるかに超える兵力を動員しており、関東軍と大戦闘に発展する。紛争の準備を事前計画していたのはソ連側だった。五月に行なわれたこの戦闘は第一次ノモンハン戦闘といわれるが、地上戦では日ソ両軍ともに大きな損害を出し、日本軍はいったん後退した。だが、航空戦では日本軍は完勝しており、全体的にみて引き分けといってよい結果だった。

この第一次戦闘の終了後、関東軍司令部では、再戦闘をしかけるべきかどうかで大議論が起こった。東京の陸軍参謀本部は、目下、長期化している日中戦争への対処に精一杯であって、その上でソ連との厄介事《やっかいごと》を抱えるのはとんでもないと考えており、関東軍に不拡大方針を絶対命令していた。

しかし関東軍司令部では、ソ連に対しての強硬論が多数を占め、七月のノモンハン攻勢が決定される。この関東軍司令部の会議を終始大声でリードし、参謀本部の命令を無視すべきと主張し、対ソ強硬論で押しきったのが、参謀・辻政信であった。こうして日ソ両軍は第二次ノモンハン戦闘へとなだれ込んでいくことになる。

このノモンハン事件において、関東軍司令官の植田謙吉《うえだけんきち》や、関東軍参謀長の磯谷廉介《いそがいれんすけ》、第二十三師団師団長の小松原道太郎《こまつばらみちたろう》といった上層部の人物が、主人公として語られることは、まったくといっていいほどない。「主人公」は一参謀で階級は少佐にすぎない辻政信だった。植田や磯谷、小松原らは、辻によって自在に操作され、ノモンハン事件はあやうく日ソ全面戦争に突入しかねないようなレベルにまで拡大してしまったと伝えられた。この下剋上的行動が、一介の参謀、陸軍少佐にすぎなかった辻の存在を非常に有名なものにした始まりであった。

華僑虐殺、投降者全員射殺の偽命令

軍隊内の階級の高くない辻のような人間が、性格や勢いだけで上層部や全体を動かしてしまうということは、当時の日本軍においては頻繁に起きていることであった。満州事変での石原莞爾《いしはらかんじ》の独断専行、そして日中戦争初期に不拡大論を主張するその石原に対して「閣下が満州事変でおやりになったことをやろうとするだけですよ」といって、その不拡大論を見事に潰《つぶ》してしまった（そのとき石原の直属の部下だった）武藤章《むとうあきら》などはその好例であろう。辻もまたその風潮にあって、それを存分に利用した。一見すると上下関係の権《ごん》化《げ》のような軍組織において、「下」と「上」が逆になる奇妙な権力構造が出現していたといえよう。

こうして辻の「下剋上物語」が始まる。やがて始まった大東亜戦争でも、辻は各所でノモンハンでのやり方を踏襲して名を馳《は》せていった。大東亜戦争開始時の彼の地位は、マレー方面軍である第二十五軍参謀、終戦時はタイ方面軍である第十八方面軍の高級参謀であり、繰り返しになるが彼は終始、一参謀以上の地位を得たことはない。しかし博覧強記の読書家で弁舌も巧《たく》みだった辻は、戦時下でのマスコミ受けもきわめてよく、あるいは彼のマスコミ操作は巧妙であり、辻は「作戦の神様」とまで言われる国民的有名人になっていったのである。

しかし辻の作戦指揮の実際は、惨憺《さんたん》たるものであった。部下や同僚、時として上司の立場や命令を平然と無視し、補給その他のソフトウェアを何も考えない無謀な作戦の連続が辻によって指導された。だがそうした内実は、軍の外部にはほとんど知らされなかった。こうした辻の実体が国民全体の前に明らかにされるのは、戦後の歴史家や作家の筆に拠《よ》るまで待たなければならなかった。少なくともいえることは、辻の猪突猛進の行動が軍隊内で孤立しなかったのは、軍内部にそういう風潮があったこと、そして何より、マスコミ世論の、彼への大きな支持があったということである。

だが、辻の「魔の参謀」ぶりというものは、作戦指導よりも、戦闘行為以外での彼の残忍さによって、当時の陸軍部内に知られ、そして戦後の歴史家や作家によって書き留められたといえる。日本軍によるシンガポール陥落時、第二十五軍参謀だった辻は、何の命令権限もない立場で、華僑虐殺事件を引き起こした。またこれは未遂に終わったが、大本営参謀の立場のとき、バターンで大量投降したアメリカ軍兵士の全員射殺命令を偽造した。

こうした行為は辻の犯罪的行動の一部にすぎないが、数ある問題行為の中で、その異常性が最も際立《きわだ》っているものは、昭和十九年（一九四四）にビルマ方面の第三十三軍参謀だったときに起こしたとされるイギリス人捕虜の人肉試食事件であろう。「気合を入れるために行なった」ということの事件によって、辻はイギリス軍から徹底して恨《うら》まれ、戦後、執拗《しつよう》な戦犯追及を受けることになる。

作戦指導での独断専行や失敗は、悪魔的というより「愚」の参謀であった証《あかし》であろう。しかし戦闘行為以外での想像を絶する残忍さは、彼の「魔」の部分を形成し、彼が「魔の参謀」として史家に描かれる根源となったといえるだろう。

戦後の異常なまでの国民的人気

終戦後、謎めいたバンコクから重慶《じゆうけい》政府への逃走、その後の日本への帰国、連合軍の追及からの潜伏と辻の人生は続く。やがて戦犯指定を解除され、世間に再び姿を現わした後の国会議員としての活動も、辻への不思議なほど世論の強い支持があったからこそ可能であった。戦前からの人気に加え、辻は戦犯指定を解除された昭和二十五年（一九五〇）、矢継ぎ早にベストセラーの自伝戦記を発表し、またたくまに全国民的な人気作家になる。

これらの辻のベストセラー作品の数々は、史実の明らかになった今日からすれば、おぞましい自己正当化の書ばかりであるが、吉川英治《よしかわえいじ》も認めた優れた文章力と、目まぐるしいドラマティックな展開によって世論を味方につけることに成功している（辻の処女作である『潜行三千里』の題名は吉川がつけた）。昭和二十七年（一九五二）の初立候補から昭和三十六年（一九六一）の行方不明まで、辻は衆議院で四回、参議院で一回当選し、一度も落選しなかった。これは辻という人間の実体を知らなかった世論マスコミが、しっかりと彼を支えていたことを意味している。

しかし、戦地から帰還した旧軍兵士たちが社会的に復帰を果たし、発言の場を与えられるにつれて、辻の戦地でのおぞましい実際の姿が、次第に明らかになりはじめた。辻への世論やマスコミのバックアップも次第にあやしいものになってくる。

この国会議員時代の辻を取材した若き日の半藤一利《はんどうかずとし》氏（評論家）は、目の前の辻を「絶対悪」と形容しているが、軍隊経験のない半藤氏もおそらく、さまざまな辻についての情報を知りはじめていたのであろう。そして辻は自分を覆《おお》いはじめる暗雲に気づいたのかどうか、私たち日本人の前から、まったく不意に姿を消してしまう。

昭和三十六年四月、辻は個人旅行と称してタイから内戦状態にあったラオスの首都ビエンチャンに向かい、そこで僧侶に変装、内戦地域に向かったところで消息を絶つ。七年後、法律に基づいて失踪死亡宣告がなされた。現職の国会議員で行方不明になった例は、彼の前にも後にも一人もいない。この行方不明に関しては、おびただしい憶測がマスコミに流れたが、今日まで決定的な解明はなされていない。最後まで有名人のまま、辻はその姿を歴史から消したのである。

これほどまでに救いようのない怪人物は、少なくとも日本の近代史では稀《まれ》であろう。しかし、ある意味で、これほど魅力的な人物はないともいえる。ゆえに辻という人間は、多くの物語作家の創作欲を強く刺激してきた。

比較的最近では、かわぐちかいじの長編漫画『ジパング』に、主人公の一人で歴史改竄《かいざん》を企てる草加拓海《くさかたくみ》の共謀相手として、物語の中盤に出現する。また安彦良和《やすひこよしかず》の長編漫画『虹色のトロツキー』では、日ソ戦争を目論《もくろ》む血も涙もない謀略家として物語を終始リードしている。

宮城賢秀《みやぎけんしゅう》の推理小説『辻政信と消えた金塊』も、なかなか面白い。大東亜戦争の裏面で暗躍した辻政信が、「台湾軍の金塊」と呼ばれる膨大な金塊の在《あ》り処《か》を知っていたという歴史上の異説に基づいて書かれたミステリーだ。あの戦争を「暗」の面、「陰」の面で描こうとするとき、彼の存在は歴史家だけでなく創作家にとっても、欠かすことのできない「毒」なのかもしれない。

新資料が突きつける辻政信の新たな「顔」

一方で、大東亜戦争についての研究や論争、情報公開が進むにつれて、一部、従来の定説に変化が見られるようになった。それと同時に、辻政信についても、彼が単に日本にまとわりつく「魔女」とはいえないというような見方も現われてきている。

たとえばノモンハン事件について、ロシア側の情報公開が進むにつれて、実はノモンハン会戦での日ソ軍の損害は、圧倒的戦力を有していたソ連軍の方が大きく、寡兵《かへい》で戦った日本軍の方が小さかったという事実が判明した。完全な勝利とはいえないにせよ、少なくとも日本は負けていなかったのである。

ノモンハンで無謀な積極攻勢を導く急先鋒であったとされてきた辻への歴史家の評価も、今後変わることがあるかもしれない。歴史家のイメージも変わっていくかもしれない。またこれは従来から言われているが、マレー作戦などでは、辻の作戦能力の緻密《ちみつ》さは公平に評価されなければならない、という秦郁彦《はたいくひこ》氏などの見解もある。少なくとも辻は無能な軍人ではなかったことも確かであり、辻に軍人としての功績がまったくなかったわけではない。

しかし別の面からの史実の修正が、辻に新しい重大な疑惑を投げかけることになる。平成十七年（二〇〇五）、ＣＩＡが辻政信について詳細に調査していた情報（辻政信ファイル）が、アメリカで公開された。この「辻政信ファイル」の内容は実に驚くべきものであった。

これについては後で詳述するが、最も重要な新事実は、終戦後の辻が蔣介石に許され、その幹部に登用されたのは、蔣介石の温情からではなく、蔣介石の対日スパイとなることを辻が承諾したからだ、ということである。辻は表向きは昭和二十三年（一九四八）に中国国民党政権から離れて日本に極秘帰国、以後数年を国内潜伏したことになっているが、ＣＩＡファイルによれば、この期間、国民党の諜報活動を日本国内で展開していたという。

独断専行の作戦指揮と、おぞましい戦争犯罪をいたるところで行なった一人の参謀が、戦後、国会議員として平然と活動したというだけでも、驚くに充分であるのに、それに加えて、敵国のトップである蔣介石に、祖国日本を売っていたということになる。

これらの事実の判明のすごみは、物語をはるかに超えている。

蔣介石は「親日の君子」か「反日の奸雄」か

辻が蔣介石のスパイだったという歴史上の事実は、いったいどういう意味を持っているのであろうか?

辻に関してのCIAファイルを読んだ途端に私が疑惑に感じたのは、終戦時に辻が蔣介石のスパイとなることを選択したのではなく、実はそれ以前、すなわち戦時下から辻と蔣介石は通じあっていたというふうに考えるべきなのではないか、ということであった。辻と蔣介石の間には、実に奇妙な蜜月が、戦時下すでに、敵と味方の関係を超えて認められるからである。

辻がいくら悪魔的な力があったからといって、その力を支えてくれるより大きな力のバックアップがなければ、それを存分に発揮することはできない。辻という、魔の参謀は、蔣介石という「魔神」の霊力によって、大東亜戦争のシナリオを、より悪《あ》しき方向へと導いていたのではないか。辻と蔣介石がそもそも通じあっていたのではないかというこの仮説は、大東亜戦争そのものが蔣介石の策謀であったかもしれないという、大きなスケールの疑念に飛躍する。

さらに辻の数々の戦争犯罪は、蔣介石の指令とまではいかなくても、もしかしたら蔣介石への手土産を予定したものではなかったのだろうか。特に、辻が犯したシンガポールやバターンでのジェノサイド（大量虐殺）的行動に関しては、それが強く感じられる。これらの地で辻の犯した行為は、日本軍がジェノサイド的な軍隊であったというイメージすなわち蔣介石・国民党が日本という国にかぶせようとしたイメージにぴったり合致する。「魔女」による「魔神」への「帰参の手土産」というわけである。

この仮説の検討のためには、そもそも、蔣介石はいかなる人物であったかということも考えなくてはいけない。

さすがに今はそれほど多数派ではないか、蔣介石を「以徳報怨《いとくほうえん》」の日本の恩人というような説が、依然として根強く出まわっている。終戦のときの蔣介石の「赦《ゆる》し」があったからこそ、戦後日本の繁栄があったというお話である。たとえば平沼赳夫《ひらぬまたけお》氏や森喜朗《もりよしろう》氏など保守系政治家にも、蔣介石賛美者がいまだに存在している。

しかし蔣介石は実際は「以徳報怨」の人でも日本の恩人でもまったくない。それはまず蔣介石自身の書いたものを読めば明らかで、日記で日本の天皇のことを「倭王《わおう》」と平然と呼ぶ蔣介石という人間は、本質的には根っからの侮日派であったことを知るべきである(『蔣介石秘録』など)。この「倭王」という表現は、戦後の日本向け出版になってもまったく改められていない。「倭王」は、朝鮮半島で多用されている「日王」という天皇への侮蔑的表現より、さらにひどい言葉である。

蔣介石は何度か日本を頼りにしている。しかしそれは日本に限ったことではなく、彼は依存する国をくるくる替えた。その依存対象の国が、たまたま一時期、日本であったことがあるということなのだ。

蔣介石が昭和初期の北伐《ほくばつ》戦争に成功したのは当時、国民党軍がソ連軍に依頼、依存して軍制をつくり、ソ連製の武器と兵法を身につけていたからであった。日中戦争のときはナチスドイツの軍事顧問団を雇い、ドイツ製の武器で日本軍と戦った。ヒトラーに見放されると、頼る相手はアメリカに替わるが、戦争末期から戦後にかけてアメリカに冷たくされはじめると今度は、敗戦国で解体したはずの日本陸軍を頼る。現在の台湾軍の基礎をつくったのは、敵対国であった日本陸軍の将校なのだ。

蔣介石がその豹変ぶりの中で、さまざまな言説を弄《ろう》するのは当然のことである。嘘や演技など当たり前のことであろう。少なからぬ日本人が、蔣介石の変わり身の術にいまだに気づいていない。

終戦の際の「以徳報怨」をたとえに出せば、「赦す」ことによって、相手の「悪」をその瞬間に確定させてしまう効果を持つという言葉の詐術に、日本人が騙《だま》されてしまっている。「赦す」以前に、「赦す」対象であった諸々《もろもろ》の歴史的事実を虚構化したのは、蔣介石と彼が率いる国民党宣伝機関であるという完全な事実に、私たちはもっと意識的であるべきではないか。親日の君子か、反日の奸雄か、辻という悪魔を操《あやつ》る蔣介石の正体についても、本書は触れたいと思う。

蔣介石という人間はおそらく日本にとって最悪の知人であったと私は考えている。私はもちろん中国共産党を否定するが、蔣介石率いる国民党の悪辣《あくらつ》ぶりと比較するに、どっこいどっこいといったところなのではないか、と思う。その蔣介石という人間に、近代日本ではおそらく最も媚態《びたい》を示し、交じりあった人物が辻政信なのであった。最も奇妙なコンビであり、おそらく最悪のコンビである近代日本を振り回したこの二人、「魔女」と「魔神」の秘史を、本書で明らかにしたいと考えている。

第一章　「魔の参謀」の誕生と完成

女遊び嫌いと亭主関白

昭和三年（一九二八）、陸軍大学校に進学した辻は、その翌年の昭和四年（一九二九）、逓信《ていしん》局官吏の娘である青木千歳《あおきちとせ》と見合い結婚した。千歳の父の青木次郎《じろう》は若い頃は無線士として海軍にいたこともあり、日露戦争のときには戦艦「三笠《みかさ》」に乗り組んでいて、日本海海戦では「敵艦見ユ」の電報を打ったことで知られている。

「大学生」といっても、陸軍大学校への進学者は士官学校の卒業者としてすでに任官（だいたいが中尉）しており、収入もあれば社会的地位も充分であって、陸大生の妻帯はごく普通のことだった。

軍人の人生を語る（あるいは映画やテレビドラマを撮影する）上で、「女」という要素は、読者や視聴者の関心を非常に強くひきつける。女をどうみていたか、どう扱っていたかに、個々の軍人の戦争観や作戦観を紐解《ひもと》くヒントがある、といっても過言ではない。ナポレオンは「パリと女は留守にしてはだめだ」と言う。女性を扱えない軍人は、パリの防衛もできるはずがない、つまり軍人の女性観はそれほどに大切だ、ということを、ナポレオンはしっかり見抜いていたのである。

〈年譜〉辻政信の略歴（その１）大東亜戦争開戦まで

明治35年(1902)	現在の石川県加賀市に生まれる
大正７年(1918)	名古屋陸軍地方幼年学校に入学
大正10年(1921)	同校を首席で卒業。東京陸軍中央幼年学校（陸軍士官学校予科）に進学
大正11年(1922)	陸軍士官学校予科を首席で卒業。金沢歩兵第７連隊に半年の配属を経て、本科へ（陸軍士官学校36期）
大正13年(1924)	陸士を首席で卒業　見習士官として歩兵第７連隊配属
昭和３年(1928)	陸軍大学校43期入学
昭和６年(1931)	陸大を３番で卒業。歩兵第７連隊に戻る
昭和７年(1932)	２月、第一次上海事変に歩兵第７連隊第２中隊長として出征し、負傷 ９月、参謀本部付となり、第一課に配属（課長は東條英機大佐）
昭和９年(1934)	９月、モスクワ駐在武官職を断り、陸軍士官学校本科生徒隊中隊長となる 11月、陸軍士官学校事件。事件後、水戸第２連隊付
昭和11年(1936)	４月、満州の関東軍参謀部第三課に配属（兵站担当） この年、上京の際に石原莞爾と面会し教えを乞う
昭和12年(1937)	７月、日中戦争勃発、戦線拡大論を主張。池田中佐との激論 ８月、北支那方面軍第一課参謀
昭和14年(1939)	５月、ノモンハン事件勃発（９月16日停戦協定成立） ９月、漢口の第11軍司令部に配属
昭和15年(1940)	１月、国境画定交渉のソ連代表団帰国（ソ連交渉団への辻の殺人脅迫） ２月、支那派遣軍総司令部に転籍（綱紀粛正、上海料亭放火事件） 12月、台湾第82部隊第二課課長に左遷、「これだけ読めば戦は勝てる」という小冊子作成
昭和16年(1941)	７月、参謀本部作戦課兵站班長（課長は服部卓四郎） ８月、近衛首相爆殺計画を画策 ９月、マレー方面第25軍参謀に転任 12月、大東亜戦争勃発

（その2は、99P）

辻の生涯を追うと、この結婚の以前にも以後にも、彼に付きまとう女性も、彼が恋慕した女性も、まったく皆無にひとしいことがわかる。

伝記によれば辻の新婚生活は、軍隊生活の延長のような、きびきびしたものだったという。辻は朝はかならず五時半に起きて、七時に家を出た。そのスケジュールに千歳が合わせないとたちまち叱《しか》られて、言葉より先にビンタが飛んでくる。

朝食のおかずは、必ず煮魚であった。あまりにも毎朝毎朝煮魚をつけさせられるのでその理由を尋ねると、

「うまい、まずいで食っているのではない。この煮こごりのゼラチン質は、頭脳によいと聞いている。陸軍大学は秀才の集まりだから、人より抜きん出るためには、頭脳をよくする食べ物を取らなければならないのだ」

と答えたという。

千歳は絵が好きであった。ある日、彼女が夫に、昼間、時間があるときに、絵を習いにいってよいか尋ねてみると、辻は「そんなにヒマがあるのなら……」と言って、陸軍大学校から、作戦地図を持ち帰って、千歳にそれを清書させた。まるでそれが絵の勉強の代わりであるかのようである。千歳が清書を終えると、今度は清書したその作戦地図に、辻が

鉛筆で作戦計画を書き込む。それをまた千歳が清書させせられる。これを千歳は、毎日のようにやらされた。辻にしてみれば、絵の勉強なんかするより、こうやって作戦地図の勉強をする方が、よほど女の才能が生きると言いたかったのであろう。

またあるとき、千歳は髪を洋髪にしてよいか辻に尋ねてみた。辻は「俺は毛唐《けとう》みたいに縮《ちぢ》れた髪は大嫌いだ」と言って否定する。彼女は自分で髪にコテをかけて縮らした。すると辻は「あれほど言ったのにわからないのか！」と言って、またもや夫人にビンタを喰《く》らわした。

相当な亭主関白である。現代だったら離婚事由を形成するどころか、ＤＶ被害で夫人の側から訴訟を起こされるかもしれない。とりわけ絵の勉強に作戦図を描かせるというくだりは、辻が夫人や家族が仕事の犠牲になってもなんとも感じないような、猛烈な仕事中心主義者、いや自己中心主義者だったことを感じさせる。

後年の辻は、部下に理不尽な暴力や暴言を振るいまくった。辻の新婚早々の夫婦間暴力と、その後年の蛮行を結びつける捉え方もあるかもしれない。

しかしこの時期の辻は、外では人付き合いを好まない内向的人間で、外の世界では暴力を乱用するというようなことはなかった。ましてこの時代に、このレベルでの亭主関白はありふれたもので、辻がこのことだけで異常な性格だということはできない。ただし、辻の妻へのあまりの自己中心な振る舞い振りは、注目に値するといえよう。

ちなみに、千歳夫人は、後年の辻の行方不明ののち、ジャーナリストたちの「辻はスパイではなかったのか」という疑問に対して、「辻という男は、なんでも思ったことは言っちゃうし、単純な男ですよ。スパイどころか、よくも参謀がつとまったと思うくらいです。いってみれば、ドン・キホーテです」と笑いながら答えている。

芸者に酒を吹きかけた事件の顚末《てんまつ》

この陸軍大学校在学時代、辻は上司や同僚からよく料亭に誘われた。当時の料亭は飲み食いだけでなく、そのあと夜の女遊びが伴うのがふつうの世界である。そして有給の公務員の身でもある海軍大学校・陸軍大学校の大学生が、そういうところで羽目をはずして遊ぶのは、時代風潮からいっても珍しいことではなかった。しかし、辻はそういう風潮に、少しも馴染もうとはしなかった。次のようなエピソードがある。

(辻たちが)参謀旅行に豊橋まで行ったところ、地元連隊の士官学校同期の将校たちが、一行を料亭に招待した。料理が出そろって一同座につくと、お座敷着を着た芸者が一人ずつ酌《しゃく》をして廻る。岡田芳政はそのとき辻の右隣にすわっていたが、見ると辻は盃を取り上げて、芸者の酌を受けている。珍しいこともあるものだと、驚いてみていると辻は盃いっぱいの酒を口にふくみ、目の前の芸者に思いきり吹きかけた。芸者は頭から、着物一面にびしょ濡れになりながらも、職業がら、あわてず始末して、席を立った。岡田らが帳場に行って女将《おかみ》にあやまり、着物の損料を支払ってほうほうの態で引き上げたが、辻は憤然と席を立って帰ったままであった。

（杉森久英《すぎもりひさひで》『参謀・辻政信』）

夫婦生活では妻にビンタを喰らわせたが、料亭では女に酒を吹きかけたというわけである。辻は軍隊エリートにありがちな「女遊び」の気配に馴染もうとしないだけでなく、軍隊内のそういうムード全体をひどく嫌悪し、攻撃的な感情さえ持っていたのだ。

辻は士官学校時代から、休日は自室で読書に集中し、それ以外の自由な時間は剣道で時間を過ごすというような生活スタイルを貫《つらぬ》いていた。高級料亭のようなところは近づくのさえ大嫌いだったのであるが、そんな辻の性格を知っていた同僚や先輩が冷やかし半分で辻をそういうところに連れていって、逆に報復を受けたというわけである。

この事件は、辻の仲間たちが料亭に詫《わ》びを入れることで事なきを得た。ちょっとエキセントリックなお客の狼藉《ろうぜき》ということで、これは現在でもそこかしこにありそうな話ではある。ただ、辻の禁欲主義というのは、どこか異常性や冷酷さにつながるものを感じさせるのも確かである。


女遊び一般への辻の攻撃的感情は、後年、国会議員になったときも持続していた。たとえば辻は、インドネシア独立の指導者であり初代大統領であったスカルノをひどく嫌っていた。よく知られているようにスカルノは大東亜戦争の戦時下の頃から非常な親日家であり、日本の皇室にも敬意を持っていた。そのリーダーシップは、インドネシアの内外から深い信頼を受けていた。

しかしスカルノはかなりの艶福家《えんぷくか》で、清濁あわせ呑《の》むタイプの政治家でもあった。国会議員になったのち、辻は幾度もスカルノと会談しているが、スカルノのそういう部分がどうしても好きになれなかったのである。議員時代の辻は、ナセル、周恩来、チトーといった第三世界指導者との会議ののち、いつも彼らの人柄を高く評価するのが常であったが、スカルノだけは例外だった。

　日本とインドネシアの間には、昭和三十三年（一九五八）に戦後賠償が成立したが、この際に、辻のスカルノ嫌いぶりが如何《いかん》なく発揮される。

「日本とインドネシアの間に黒い交際と約束があったのではないか」

「スカルノが来日したとき、スカルノに色仕掛けで利権を求めようとした商社がいたという話がある」

　などと、辻は国会や文筆で執拗に追及、指摘した。

「スカルノ大統領が、どんなに演説しても、それだけでこの国を救うことはできないだろう。問題は、教育にある。腐り切った大人には希望をすてて、純真な子供たちを、まず、小学生の教育からやり直し、国民の品性と道徳とを根本的に建て直さない限り、独立国家としての資格もなく、発展もしないだろう」

　とまでスカルノと、彼が率いるインドネシアのことを酷評している。辻政信の女遊び嫌いは、生涯を通してのものだったということができるだろう。

上海の料亭放火事件

料亭で芸者に酒を吹きかけた辻は十数年後の昭和十五年（一九四〇）、南京の支那派遣軍総司令部（満州を除く中国大陸駐在の日本軍の総司令部）に勤務する。当時、中国における日本の軍政下で一番賑《にぎ》やかな都市は上海であった。上海には内地からたくさんの料亭やバーが出店して繁盛しており、アジアのどこの大都市でもそうだったのであるが、日本軍将校は一番のお得意さんであった。

南京の総司令部で上海のそんな遊蕩の雰囲気を風聞してイライラしていた辻は、あるとき九州出身のある壮漢を教唆《きようさ》して、なんと上海の有名日本料亭の一つであった「東吾」を放火させるという挙に出たのである。放火時刻は客の多い時刻であったが、店はまたたくまに全焼、まったく不意をつかれた将校の中には、情けない格好で逃げ出す者もいたという。辻がこの報告に意気揚々としたのはいうまでもない。

この放火実行犯の九州の男は、辻の根まわしにより裁判を逃れて軍隊に召集され、事件はうやむやとなってしまう。もちろんのこと、辻自身には何のお咎《とが》めもない。現代で同じことをしたら懲戒免職はもちろんのこと、長期の懲役刑も免れないだろう。いや当時でさえ重大な問題行為だったのであるが、あちらこちらの司令部で、部下同僚だけでなく、上司さえも恐れさせる人物になっていた辻に意見することのできる人間は、支那派遣軍総司令部だけでなく、日本陸軍のどこにもいなくなっていたのである。

料亭で酒を吹きかけた若い頃の辻の「女遊び嫌い」は、単に辻一人の内面的なものでなく、道徳として他者に強制するものとなり、放火という手段すらなんとも思わないような、おそろしいものに変化していたのである。つまり辻は、単なる禁欲主義者ではなくて、禁欲主義を実現するためのテロリストになっていたのである。

「軍人の女遊び」が一掃された南京

辻のこの類《たぐい》の強権行為は、当然、総司令部のあった南京にも及ぶ。当時の南京は日本人芸者のいる料亭や、若い女性のいるキャバレーが無数にあって、高級将校の多くがそれらに出入りし、その賑わいは上海に負けず劣らずといったほどであった。もちろん、愛《あい》妾《しょう》を囲っている幹部軍人も少なくなく、中には軍用の自動車で愛妾のところに通うというようなことも見られた。

辻は南京に何度か赴任している。初めての南京着任である昭和十五年（一九四〇）、支那派遣軍参謀として、辻は支那派遣軍幹部の女遊びの動向を片っ端から調べ上げ、自分より階級が上だろうとまったく関係なく現場摘発に努め、愛妾を演じている女は不良邦人として内地送還処分とするようなことをした。上海の料亭放火事件も、このときのことである。

また南京での話ではないが、昭和十四年（一九三九）末、漢口《かんこう》の第十一軍参謀に赴任したときの辻は、例によって軍幹部の徹底的な調査行動と追及を行ない、そのあまりの激しさのため、出納関係の参謀だった山本浩一少佐が自殺するというような事件も起きている。

したがって、辻が再び支那派遣軍総司令部に赴任した昭和十八年（一九四三）には、総司令部がある南京は、恐慌状態に陥ってしまった。そしてその後の事実は、心配したとおり、辻の嵐のような取締り行動により、南京や上海から「軍人の女遊び」の雰囲気はまたたくまに一掃されてしまった。

辻は戦後の著書で、このときのことをこう語っている。

道義政策に反すると目されるものはピシピシ改めた。着任した官舎は、前課長が居住した家で、中国要人の堂々たる洋館を取り上げ、給仕二人を専属に使っていた。

その二階の居室は一流料理屋の日本座敷もおよばないもので、専用の高級車で出勤していた。ここには一晩泊まったきりで、部下の宿舎に割りこんだ。六畳一間だけの。着任一週間後に軍官舎の大整理を断行した。将官は一人二室、尉官は二人一室、これで全官舎の半分が浮かび上がった。

つぎに手をつけたのが高級料理店の閉鎖である。総司令官の名をもって全派遣軍に対し「高級料理店を一斉閉鎖し、機密費による宴会を制限する」趣旨の電報を起案した。畑《はた》総司令官は賛成したが、怒ったのは高級将校であり、喜んだのは下級軍人であった。

（自著『亜細亜の共感』）

辻がなぜここまで「女嫌い」、「女遊び嫌い」となってしまったのかは、もちろん関心の対象足りうる。しかし病的なほどの女嫌い、女遊び嫌いということでいえば今の日本の男性にも大勢いて、それだけで辻が異常な人物だったということはできない。

問題なのは、なぜ辻がそうした自分の「趣味」を貫徹するために、テロリズムも平然と行なうような人間になってしまったかということである。「自分」と「理想」の間の中間項というものがまったくない。「女」という身近なものに関してさえそうだ、ということである。そしてこれこそが、辻政信という軍人の性格のすべてを表わしているのである。

奇怪な人間性は、どこから生まれたか

ここで二つのことがいえるであろう。まず若い将校時代の辻と、後年の辻では、自分の理想の実現の方法にずいぶん違いが出てきているということである。若い頃の辻には少なくとも、テロリズムという手段はなかった。極端な理想主義者というのはどの時代にも、どの分野や世界にもいる。しかし大概の過激な理想主義者は、手段の問題のところで平凡な世俗的人生に引き返す。辻はいったい人生のどこで、この手段の問題を突破することができたのであろうか。

二つ目に、どうも辻という人間は、理想を意識した瞬間に他人を意識しなくなる、どうとも思わなくなる性格の持ち主であったことは、若い頃から変わっていないようだ。この「変わらない」が奇怪であり、こういうタイプの人間は日本人には珍しい。ふつうは、世間であるとか上下関係や噂《うわさ》などを通じて「日本的なるもの」になって、「他人を想え」という教育を、目に見えないレベルまで施《ほどこ》されて変わっていくのが日本的共同体の常だか

らである。辻が「変わらない人間」でいられたのは、いったいなぜなのであろうか。軍隊は、ある意味で日本的共同体とは異なる共同体だったのであろうか。

ナチスドイツの宣伝相ゲッベルスは、ムッソリーニを批判して、「ムッソリーニはヒトラーやスターリンのような革命家ではない。彼はあまりにもイタリアに密接しているから、革命家になれなかったのだ」と言った。しかし私はこのゲッベルスの言葉を逆さまに読んで、辻にあてはめてみたいと思う。辻という人間は、もちろん革命家ではないが、あまりにも「日本人らしさ」ということを感じさせない不気味な日本人である。「革命家」という言葉を何か得体の知れない存在、革命家にひとしい他の言葉に置き換えれば、辻という人間の異常さは、その国の人間らしさから隔絶していることによって、ヒトラーやスターリンのそれらにも勝《まさ》るとも劣らないといえる。

上司や上層司令部の意向を無視した独断専行に無謀な作戦の強行、日本人ではまずとうていありえないようなジェノサイドを推進し、サディスティックな行為の実行者であり、「魔の参謀」であった辻の人生を前にして、私たちは「例外的な日本人」という言葉を思い浮かべるかもしれない。しかし、それほどの例外的存在は、なぜどのようなプロセスを通して、この日本という国に生まれたのであろうか。

彼は日本人らしい日本人に変わることなく、どこかしらで、さらに不思議な人間性の壁を突破して、一層奇怪な日本人に生まれ変わってしまったのである。

辻の生い立ちと山中温泉の歓楽街

辻は先に述べたように、石川県南部、山中温泉の近くの集落の、貧しい炭焼きの家に生まれた。辻の実家は、浄土真宗の道場も兼ねているところだったという。辻はのちに潜伏するたびに変装するが、特に僧侶への変装が得意であったのは、そのことと関係があるとみてよいであろう。ちなみに辻の生前最後のものとして現在残されている僧侶姿の写真（187ページ参照）は、ラオスのジャール平原に潜伏する直前、ビエンチャンで変装したときのものである。

ただし辻の墓は大阪の四条畷《しじょうなわて》の曹洞宗慈眼寺《じげんじ》にある。辻は最後の失踪の直前、夫人の実家の菩提寺であるこの慈眼寺に頼みこんで、戒名をつけてもらっている。慈眼寺によると、辻は、最後の失踪の旅行に出発するわずか一週間前、自分は禅宗が好きで浄土真宗の墓には入りたくない、といってそのようにしたという。

辻少年の通った高等小学校は、山中温泉のある山中町にあった。山中温泉は奈良時代の行基《ぎようき》の開湯伝説を持ち、蓮如《れんによ》や芭蕉《ばしよう》が好んで湯に浸《つ》かったという言い伝えもある由緒ある温泉である。山中温泉には議員時代の功績を称《たた》えるため、昭和五十四年（一九七九）に建立された辻の銅像が立っている。とりあえずは故郷に錦《にしき》を飾ることができたといえるが、辻に関しての何人かの研究者は、この山中温泉の存在こそが、辻の女性嫌いの性癖に影響を与えたのではないかという興味深い指摘をしている。

現代ではすっかり消えてなくなっているが、戦前の地方の温泉街には、妙に淫靡《いんび》な雰囲気が漂っているところが多かった。少しばかり金をはずめば、温泉の時間の前なり後なりに、すぐに女遊びをすることができるようになっていた。まして山中温泉は、北陸一の歓楽街を持つ温泉である。幼少期の辻は、苦学している自分のごく身近にそういう雰囲気があったからこそ、逆に「女」や「色気」というものに激しい生理的嫌悪を抱くようになり、やがてそうしたものを男の職場から排することを生涯の任務と考えるようになったのではないだろうか、というのである。これは一理ある指摘といえよう。

また、冬の北陸の降雪はたいへんなものである。辻少年は冬の間はその降雪のせいで家に帰れないので、真言宗の寺院に下宿して学校に通わなければならなかった。貧しいだけでなく、そうした自然環境の厳しさとの戦いの中で、しかし辻少年は一度も遅刻も欠席もしなかったという。こういう厳しい環境の中で、温泉街の遊蕩ぶりを傍《はた》から見てきたことが、辻の遊び嫌いをより徹底したものにしたのかもしれない。

幼年時代の辻は、喧嘩《けんか》は滅多にせず、クラスメイトが喧嘩しているのを見ても、それに加わろうとしない内気な少年であった。また辻少年は、勉強と家事手伝いをするとき以外は常に本を読んでいるほどのたいへんな読書家だったが、決して文学、物語の類の本は読まなかったという。この読書に関しての話は、後年の辻の怜悧《れいり》さと関係があるかもしれない。

貧しいが勉強がきわめてよくできた辻少年は、周囲の勧めで軍人の道に進むことを決意し、名古屋陸軍地方幼年学校、次いで陸軍中央幼年学校、陸軍士官学校を卒業、青年将校として陸軍大学校に進み、軍のエリートコースを優秀な成績で歩んでいく。だが前述のように、彼は他の同僚同輩と一緒に和気藹々《あいあい》と歓楽街に出かけることは決してなかった。堅物＝鉄、という意味で、「鉄ちゃん」というあだ名が辻につくようになった。

辻が、陸軍幼年学校の出身であることも見逃すべきではない。この当時、陸軍士官学校に進学するのは、旧制中学その他を卒業してから行くパターンと、小学校卒業くらいの年齢から陸軍幼年学校に進み、そのあと陸軍士官学校に行くパターンとがあった。後者はいわば徹底した純粋培養コースで、その出身者はエリート意識に満ちていたが、反面、きわめて閉鎖的な専門主義の醸成を可能にしてしまった。自身も幼年学校出身である石原莞爾《いしはらかんじ》や、海軍の米内光政《よないみつまさ》は、この幼年学校制度を厳しく批判しているが、この学制が辻のような内向的で堅物な人物を、さらに内向的で極端な性格の人物にしてしまったという側面も否定できないであろう。

陸軍士官学校予科卒業後の士官候補生時代、士官学校本科卒業後の少尉任官・見習士官時代、陸軍大学校卒業後の士官時代を、いずれも辻は実家に近い金沢の第七連隊配属で過ごす。前半生、すなわち青年将校時代の辻のエピソードの大半はこの金沢でのものである。北陸人である辻は、山中温泉を第一の故郷に、金沢を第二の故郷として育っていったのである。

部下思いの優しい上官だった青年将校時代

青年将校時代の辻の、料亭嫌い、待合《まちあい》嫌いは、高級軍人には嫌悪されたが、下級軍人には好感を持たれる要素の一つになっていった。

エリートコースからはずれてしまっている下級階級の軍人にとって、高級軍人の通いつめる料亭や待合の存在は、男としての激しい嫉妬の対象であったからである。そんな「女」と自由に遊べる高級軍人の特権をわざわざ放棄して、真面目に精勤勉強している青年将校時代の辻は、同僚や上司には不人気だったが、下士官にはきわめてスタイリッシュな人物に映ったという。

また後年の、部下へ暴力を振るいまくる参謀時代の辻からはとうてい信じられないことだが、青年時代の辻は、後輩・部下に対して非常に優しく、思いやりに満ちた態度に徹していた。この金沢時代の辻のことを悪く記す下士官は皆無で、逆に多くの部下が、彼のことを素晴らしい上司だったと語っている。

理想を意識した瞬間には内心に激情を抱く人間であったが、それ以外のときは、常人を超えた人間性を発揮する将校だったともいえる。あるいは青年時代の辻には、まだ激情を委《ゆだ》ねるに足る理想が、形になっていなかったのかもしれない。

たとえば辻の率いる部隊の訓練で、体力の乏しい兵隊がいると、辻はその兵隊の代わりにその銃を担《かつ》いでやるというようなことがよくあった。

辻はガリ勉青年であったが、体力のない青白いインテリではまったくなかった。炭焼きの実家で、幼少時から重い材木運びで鍛えられたこともあって、その体力は抜群であり、たとえば注射の際に、腕が筋肉質すぎて針を打つのがむずかしいというエピソードを残すほどの頑健な体軀《たいく》の持ち主であった。辻はそうした自分の並外れた体力に任せて、時として何人分もの下士官の銃を担ぐこともあったという。

またあるときの炎天下での行軍《こうぐん》演習では、辻の部隊の兵隊が手持ちの水をすべて飲んでしまい、喉《のど》の渇きに苦しむというようなことがあった。それを見て取った辻隊長は、自分の水筒の栓を開け、中の水を全部地面に撒《ま》いてしまって、自分も兵士と同じ苦しみを味わうのだという姿勢をきっぱりと見せた。

辻は自分の背嚢《はいのう》には、キャラメル、飴、時として酒も入れ、行軍演習の合間には部下にできる限り分け与えるというようなこともしている。これらの話は辻本人の自慢話ではなく、下士官たちの証言によるものであって、間違いなく事実であったといえる。殴ったり威張り散らしたりするのが上官の常だと思い込んでいる下士官たちが、辻のこうした振る舞いに感動したのは言うまでもない。

ちなみに、この時期の辻の率いる部隊の下士官の多くが、戦後の辻の国政選挙への立候補の際に、辻に献身的なサポートを行なっている。

辻はいつも部下と同じものを食べ、決して高価なものを口にしなかった。行軍中の休息のとき、ふつうの将校は自分から腰をおろすのに、辻は腰をおろすことなく、兵隊たちを見まわって疲れた彼らを労《いたわ》った。優しい青年将校・辻政信の名前は、金沢の街中によく知られるほどになっていった。

またこれは陸軍中央幼年学校時代の話だが、辻が三年生のとき、二年生にある非行人物がいて、それをこらしめるために、「連帯責任」で三年生が二年生全員を殴るという話が持ち上がった。実に軍隊らしい不条理な話であるが、辻は三年生の中で一人、「そんな連帯責任はない」と殴ることに猛反対したという。軍隊内の私的制裁の根絶に力を尽くしていたという証言もある。後年の暴力の権化《ごんげ》と化した辻の振る舞いとは、まるで別人というしかない。

ノモンハンの捕虜帰りに自殺強要

優しく頼りがいのあるこの第七連隊の青年将校が、さほど時間も経ずして、日本陸軍最大の「悪魔」になろうとは、いったい誰が予想しえただろうか。いったん時計を十数年進めて、昭和十四年（一九三九）のノモンハン事件における辻の姿を見てみることにしよう。

このノモンハン事件の際、「日ソ軍が大混戦状態のハルハ河沿いの最前線で、ビールを悠然と飲んでいた大佐がいた」と辻に濡《ぬ》れ衣《ぎぬ》を着せられた須見新一郎《すみしんいちろう》大佐という人物がいる。須見大佐は、ノモンハンの戦線を担当した第二十三師団を支援するために近隣の第七師団から派遣された第二十六歩兵連隊の連隊長で、実際はハルハ河の川の水を空のビール瓶に詰めて飲んでいたのだが、戦後の辻の著書の中で、最前線で呑気《のんき》にビールを飲んでいた、と書かれてしまった。このことで、戦後のノモンハン慰霊祭で、当時、国会議員になっていた辻に、須見が激しく抗議したところ、辻は間違いを認めて謝罪したとされる。

さて、ノモンハンは激しい戦闘の連続だったため、死傷者も多かったが、捕虜となった兵も非常に多く、その多くは後に送還されて戻ってきた。須見大佐は、この生還してきた捕虜に対しての辻の行動について、

「辻は（元捕虜が）入院している病院に手榴弾を持ち込み、武士の恥をそそげと自殺を強要したのだ。手前の判断と作戦計画の拙劣さを棚に上げて、不可抗力に陥った者、特に重傷乃至《ないし》人事不省で捕まった者に自殺を強要するなどということは常人にはできない。ひどい奴だ。人間じゃないよ」

という証言を残している。同様の証言は、憲兵隊の幹部であった大谷敬二郎《おおたにけいじろう》少佐（戦

後、戦史家として活躍）などもしている。

辻の軍隊人生で最も悪名高い、自決強要事件である。部下へのテロリズムであり、究極的なリンチといってよい。後に辻は、大東亜戦争の戦場のあちこちで同様のことを行なったが、その先例が、このノモンハン事件であった。

再評価が迫られるノモンハン事件の真相

ノモンハン事件の全体像に関しては、従来の「日本軍惨敗論」と「辻政信・独断専行論」が近年、修正を余儀なくされている（福井雄三《ふくいゆうぞう》『「坂の上の雲」に隠された歴史の真実』など）。五月の一次戦闘、七月の日本軍の攻勢による二次戦闘の開始、さらに八月以降のソ連軍のおおがかりな反撃作戦による二次戦闘の後半、これらの戦闘における日ソ両軍のすべての被害を総計すると、従来は日本軍の惨敗だとするのが通説であった。

ところが一九九〇年代のソ連邦解体に伴って公開されたロシア（旧ソ連側）の情報によると、ソ連側も実は日本側と同等かそれ以上の大被害を受けていたことが判明した。とりわけ航空戦は全期間を通じて日本側の圧勝と評価してよく、従来は日本軍の無力が宣伝された対戦車戦でも、実は相当の戦果があった。日本軍のあまりの勇猛ぶりに、以後、ソ連軍上層は日本軍恐怖病に陥ったとさえ言われている。

これらが事実だとすれば、辻の強引きわまるノモンハンでの作戦指導が、まったく無謀だったものとも言えないことになる。辻は戦後、ノモンハンに関して「戦争は敗けたと感じたものが敗けたのである」と繰り返し述べている。

また半藤一利《はんどうかずとし》氏らが唱えていた「辻政信・服部卓四郎《はっとりたくしろう》ら関東軍参謀の独断により、会戦が開始・長期化した」という点にも疑問が提示されている。北進論、対ソ戦争に傾斜していたのは関東軍全体であり、少なくとも関東軍の軍事的決定そのものを辻たちが捻《ね》じ曲げたということはないという見解が有力になってきている。つまり辻一人の強硬論によって全体の流れが変わったというのは伝説であって、実際は、関東軍全体に燻《くすぶ》っていた強硬論を、辻の大声がリードしたにすぎないのではないか、とも考えられるのである。

ただし、「戦争は敗けたと感じたものが敗けたのである。ノモンハンで日本は負けていなかった」という辻の戦後の主張が、辻の参謀としての有能を証明するかどうかは別問題であり、辻はノモンハン事件ののち、あれほど強く主張していた北進論をあっさり捨てて、南進論、対アメリカ戦争論の主張者に転じてしまった。

ノモンハンの事件後から、対米戦争開始にいたるまでの辻の口癖は「自分が南進論に転じたのはノモンハンでソ連の強さを思い知ったからだ。ソ連は強い、ソ連を甘くみるな、ソ連を敵にするな」だった。戦後も「決してノモンハンで負けていなかった」という主張をしつつも、著作では「ノモンハンに於けるソ連軍の強みを知っているか。ソ連は断じて簡単には敗れない」(『シンガポール』)とも述べている。

ソ連が日本軍恐怖病に陥ったのと同様に、辻もソ連軍恐怖病に陥ったと見ることもできるだろう。混乱と矛盾にみちた辻の言説からすれば、はたして辻がノモンハンでの日ソの被害状況をその当時正しく把握できていたかどうかは、かなり議論の余地があると言わなければならない。

ビルマ戦線における部下への非情なる振る舞い

しかしそうした参謀としての作戦上の評価と、須見大佐が証言しているような、戦場外での辻のサディスティックな行動の評価とは、まったく別の問題である。作戦参謀としての辻がいくら横暴な行為をしたとしても、それは日本軍・日本人の戦争の巧拙《こうせつ》の相対的評価にかかわるにすぎない。だが自決強要のような行動は、日本軍・日本人のモラル評価そのものにかかわる問題である。ノモンハンでの辻は、内向的な関白亭主だが部下たちにはとても優しかった、あの青年将校・辻政信とは、まったく違う人間になっていたといえよう。

　帰還捕虜に対しての残忍な扱いは、大東亜戦争を通して頻発したことであり、それは捕虜の自決を義務的行為と定めた「戦陣訓」によるものだったとして、辻個人の責任を問うのは酷《こく》ではないか、という意見もあるかもしれない。しかし「生きて虜囚《りよしゆう》の辱《はずかし》めを受けず」という訓戒を定めた「戦陣訓」が定められたのは昭和十六年（一九四一）のことで、その二年前のノモンハン事件の段階では存在していなかった。辻は何らの戒律的権限もなしに、自決強要という部下へのテロルを実行したのだ。

　辻はよほど自決強要という行為が好きだったようである。大戦末期、ビルマ方面の第三十三軍参謀に赴任したとき、第三十三軍の担当地区である要地ミイトキーナに連合軍が押しよせてきた。この戦いはミイトキーナ守備隊が全滅、守備隊長の水上源蔵《みなかみげんぞう》少将が自決するほどの激戦であったのだが、水上少将の命を受けた副官の堀江屋《ほりえや》中尉は少将の遺品を担ぎ、命からがらミイトキーナから脱出、ジャングルの中を一カ月も歩いて、第三十三軍司令部に辿《たど》り着くということがあった。

　その中尉を待っていたのは、「貴様は現役将校のくせに、なぜ水上閣下のあとを追って自決しなかったのだ！」という辻参謀の罵声《ばせい》であり、周囲が止めに入るほど激しくなされる殴打であったという。

堀江屋中尉への辻の追及はこの暴行のあとも徹底しており、中尉を戦傷者ばかりで構成された部隊の隊長に任命、出撃すればかならず全滅する雲南省北部地区へその部隊を派遣した。はたして、まもなくして部隊は全滅、中尉は戦死した。事実上の自決強要であった。このミイトキーナ戦での堀江屋中尉は帰還捕虜ではなく、絶滅寸前の状況から脱出してきたにすぎない事例である。戦陣訓が布《し》かれたあとだったとしても、辻の自決強要を肯定する規律は何ら存在しない。

和平交渉を決裂させた陰の張本人

話はまた戻るが、ノモンハンの地での辻の仰天行動は、捕虜軍人への残忍さにとどまらないものだった。昭和十四年十二月以降、チタやハルビンで、関東軍とソ連軍の間で、和平交渉、国境画定交渉が開始された。この交渉はいったん妥結の方向に向かったが、ソ連側の突然の交渉打ち切りにより、交渉はモスクワに持ち越されることになってしまう。この裏で暗躍したのが、ほかならぬ、交渉団に参加していた辻政信であった。

満州国外交部代表としてこの交渉団に参加していた亀山一二氏は、戦後、次のような証言を残している。

（交渉がソ連側の違約で決裂したのでは？というインタビューアーに対して）とんでもない。あれは辻政信がぶち壊したんですよ（中略）白系露人を使って、（辻が）あの二人（ソ連代表のボグダーノフ少将とモンゴル代表ヂャムサロン）の二人を殺すといわせたんです。彼らは本当に殺しますからね。調印したら、殺すというんです。二人は逃げ出したんです。辻というのは、ひどい奴ですよ（中略）ボグダーノフが、さよならを言いに来たんです。明日、調印するというのを、目茶苦茶じゃないかと、私は怒ったんです。そうしたら、殺されるからといって、白系露人がおどしたことを話したんですよ。殺されては、たまらんですわね。殺されても調印せよとはいえませんよ。それよりも、殺されたら、決裂よりもひどいことになります。

（田々宮英太郎《たたみやえいたろう》『権謀に憑かれた参謀　辻政信』）

辻の政治的・軍事的理念としてはこのノモンハン事件を継続拡大し、戦いを日ソ全面戦争にもっていくべきだとする北進論をあくまで貫きたかったのであろう。そのことで日本は中国との戦争から手を引かざる得なくなるというメリットが大いに予想される。また日ソ戦争の全面化は、日米戦争も遠ざける可能性をも持っている。色々な意味で世界戦争の構図を大きく変える可能性があったのだ。

だがその「理念」のために、交渉相手国の代表に殺害の脅迫をするというのは、テロリズム以外の何物でもない。あるいは「敵の使者を斬《き》る」という、あまりにも古代世界的な野蛮な外交交渉術というべきか。たとえば北朝鮮というテロリスト国家でさえ、派遣されてきた外交使節の殺害を企てるなどということは、まずありえない。

芸者に酒を吹きかける程度だった人物は、いつのまにか料亭焼き討ち（上海料亭放火事件はノモンハン事件の翌年である）も、部下殺害や外交使節殺害も平然と行ないかねない異常な人物に変貌してしまっていたのである。

陸大時代からの一〇年間の時計の針、その間に、金沢の優しい青年将校の身に、いったいどんなことが起きたのであろうか。その答えは金沢の地にも北陸の地にも、実は日本の地にもないのである。ではどこにあるのか？

昭和12年（1937）11月、山西省の最前線で作戦指導する辻政信。この前年に石原莞爾に面会し、「石原教」信者となっていた。
写真提供／毎日新聞社

東條英機との出会いと、二人の共通項

ここでふたたび時計の針を一〇年前、つまり心優しい青年将校だった頃の辻に戻してみよう。すでに述べたように、辻は陸軍大学校を三番の成績で卒業した。陸海軍の大学を成績上位で卒業すると天皇から恩賜《おんし》の軍刀が記念品として渡されることから、そのような者を「恩賜組」という。

恩賜組の青年軍人は、エリートコースを約束され、卒業後まもなくして、欧米に駐在武官勤務を命じられるのが軍の習慣であった。実質的にはエリート青年将校の官費留学である。この慣わしに従い、たとえば山下奉文《やましたともゆき》はスイス、石原莞爾はドイツ、栗林忠道《くりばやしただみち》はアメリカの駐在武官勤務を経験している。辻は士官学校時代からロシア語をよく勉強していたので、モスクワ駐在武官勤務の話がきた。

しかし辻はこれを断わって、エリートコースとは隔《へだ》たった士官学校勤務に進む。海外勤務を断わったことは、辻の人生の不思議の一つである。だが、このことにより、辻は一つの出会いをなすことになる。当時の士官学校の副校長は東條英機《とうじょうひでき》であり、東條と辻は、ここで上司と部下の親しい関係になったのである。

息苦しいほど生真面目で、部下に気配りするここまでの辻の軍人人生ぶりは、東條英機のそれを連想させるところが多い。たとえば東條は自宅で酒を飲むときにも、酒瓶の飲んでよいと思われる目分量のところに印をつけておく習慣があるほどの堅物で、その習慣は陸相や首相になっても変わらなかった。

さらに「女遊び嫌い」ということに関していえば、東條は辻以上に徹底したところがあった。後年、首相兼陸相になった東條が首相官邸に深夜、甥《おい》の山田玉哉少佐を呼びつけるということがあった。山田がこんな時間に何事かと思って官邸を訪れると、何も言わずいきなり東條に数発殴られてしまう。

唖然《あぜん》とした山田少佐に向かって東條は目に涙を浮かべて、山田が数日前に、山田の伯母(東條の妹)の家の女中の手を握った件を激しく責め立てた。山田はまるで小学校教師のような東條の態度にあきれ果てる思いだったが、この女中の件で、東條は山田を殴るだけでは気が済まず、最前線のサイパン守備隊勤務に転属させようとさえ考えていたのである。

サイパンの戦いが結局日本軍の玉砕に終わったことから考えると、山田は女中の手を握ったことで、あやうく命の危険にさらされたことになる。大佐時代の東條は、少尉任官したばかりの女好きのこの甥の芸者遊びを、憲兵隊を使って監視したこともあった。このような東條の過激な禁欲主義は、それ自体では辻とどっこいどっこいというべきであろう。

女性への過度の禁欲だけでなく、少なくとも若い頃の辻が持っていた、部下への優しさということについても、東條は実にたくさんのエピソードを持っている。ただし東條の場合は、辻と違って、生涯の途中まででなく、生涯を通じての部下思いの上官だった。

たとえば東條が陸軍大学校教官時代、札《ふだ》付きの不良生徒だった佐藤賢了《さとうけんりょう》（のちの陸軍軍務局長、戦後東京裁判で終身禁固刑を宣告されるがまもなく釈放、その後実業家として活躍）が、遊びすぎて金が足りなくなり、飲み代を借りに東條のところにやってくるというようなことがあった。

佐藤からすれば「東條さんの身分くらいなれば、金の少々は何とかなるだろう」くらいの気持ちだった。ところが東條家で少し待たされた佐藤に東條が手渡した金は、夫人が隣家から急いで融通してもらったものだった。金銭的に潔癖な東條家の生活は、少しも余裕のあるものではなかった。けれども困った部下や知人が来たら、それをそのまま追い返すということは、東條も夫人も決してしない人間だったのである。

そのことをあとで知った佐藤は大いに冷や汗をかき、以後東條を尊敬し、側近として仕えるようになる。東條は軍人に対してだけでなく、たとえば首相官邸の女性事務員の夜食や帰宅方法のことを心配したりと、自分の下ではたらく者には、誰に対しても実にきめ細かな気配りをする上司であった。こうした優しさに触れた部下たちの東條への敬意は並外れたものだった。まるで、金沢の連隊で辻を慕う下士官のように、である。

辻は少なくとも青年将校時代までは、東條英機型の軍人であったといえよう。もし辻が穏当にエリートコースの道を歩み、狂騒的軍人参謀の人生に進まずに日本陸軍の幹部になっていったら、第二の東條と呼ばれるような人物になったかもしれない。

東條と辻の間柄はきわめて興味深い。辻の方では東條を尊敬はしなかったが、東條の方は辻にずいぶん目をかけていた。佐藤賢了の件でもよくわかるように、東條は素行に問題があったり過激だったりするような個性的な部下・将校に注目して、自分の側近として育てようとするような傾向があった。

たとえば東條の取り巻きたち、腹心の部下のことを俗に「三奸四愚《さんかんしぐ》」ということがある。「三奸」とは鈴木貞一《すずきていいち》、加藤泊治郎《かとうはくじろう》、四方諒二《しかたりょうじ》、「四愚」とは木村兵太郎《きむらへいたろう》、佐藤賢了、真田穣一郎《さなだじょういちろう》、赤松貞雄《あかまつさだお》である。これら「三奸四愚」に富永恭次《とみながきょうじ》や田中隆吉《たなかりゅうきち》を加えて東條グループとする説もある。どれも問題のある軍人ばかりだが、東條の引き立てで陸軍部内の高い地位を得、陸軍内部の東條派閥を支えていた。辻が「奸」か「愚」かはわからないが、この三奸四愚の中に、東條は何度も彼を引き入れようとしていたのである。

東條の厚意を何とも思わない辻政信

士官学校での出会いから数年ののち、東條が陸軍大臣のとき、辻が支那派遣軍参謀として、東條が徹底的に対立する石原莞爾の東亜連盟運動を大陸で大々的に行なったことが東條の逆鱗に触れ、いったん辻が台湾方面軍に左遷されてしまうということがあった。対米戦争の可能性の切迫と対中戦争の長期化に直面していた日本軍にとって、台湾方面の勤務は閑職であった。東條という人間はある面において神経質なほど狭量な性格の持ち主で、ふつう、このように自分の怒りにいったん触れた人物を、二度と上層に取り立てることはない。

ところが辻はまもなく、昭和十六年（一九四一）七月には参謀本部作戦課に栄転し、大東亜戦争の立案の中心人物の一人になる。この栄転は、当時、陸軍の最大の実力者であった東條の推挙がなければ成り立たない。

それからしばらくしてからの辻の、ガダルカナルでの作戦指揮も、東條から辻への直接の指示によるもので、辻は大本営からの派遣参謀の形でガダルカナルに赴《おもむ》いた。後述するように東條の権威を虎の威にして辻は現地でやりたい放題の作戦指揮をして大失敗し、その責任を現地上官の川口清健《かわぐちきよたけ》少将に押しつける。


これらの事実は辻へのよほどの信頼が東條の側にあったことを示している。そうでなければ、辻が大東亜戦争の各所で、あれほど暴れまわることは不可能だっただろう。

しかし辻の方は、その東條の信頼に感激していた様子はまったくない。たとえばラバウル、ガダルカナルと、二度にわたって重篤な傷病を負い（ラバウルでは頭部に銃撃、ガダルカナルではマラリアに罹患）、内地で入院するということがあった。

この二度の入院時、辻は東條夫妻の見舞いを断わるという、軍人としてまず考えられないような行動をとった。東條はただの上官ではない。首相ばかりでなく陸相も（一時期は内相や陸軍参謀総長も）兼務している国内最大の実力者である。二度目にいたっては、なんと、東條夫人が病室の入り口まで来ていたのに会わずに追い返してしまったという。

たとえ神経質な東條でなくても、一国の政治と軍事の代表が大本営の一参謀にこんな扱いをされれば以後、激怒して相手にしなくなるのが常識であろう。ところが、その後も東條は、辻を見限ることなく、後述するが、辻が蔣介石政権との和平交渉のために重慶に単身乗り込むという爆弾的な提案を軍上層部に行なったとき、東條だけが真面目に辻の狂言に付き合うというようなこともあった。東條のやられっぱなしぶりは、まるで片思いの男のようにもみえる。

東條からすれば、かなり早い段階から、もしかしたら士官学校勤務の初対面のときから「つかえる男だ」「奇貨《きか》おくべし」という印象を、辻に対して強く持っていたのではないかと思われる。目ざとい辻が、それに気づいていなかったはずがない。辻は、東條という陸軍内での実力者を自分が利用できるほどには頼っていた。しかし根本的には東條という人間に対しては、絶えず警戒と距離を持って接していた。使われてしまったのは辻ではなく、むしろ東條だったのである。

(辻が)参謀本部の作戦室にいたとき、赤松秘書官から電話がかかってきた。
「もしもし、辻中佐ですか。総理が呼んでいます。すぐ首相官邸に来られたし」

「何の御用ですか。私は総理大臣の部下ではありません。用事があるなら、陸軍大臣として、陸軍省で話していただきましょう」

（自著『ガダルカナル』）

辻自身は戦後、東條との間にこんな話があったことを、例によって得意気に書き残している。この話が本当だとすれば、東條と辻のいったいどちらが「指導者」なのか、わからないほどだ。辻は明らかに東條を「小物」だと感じていた。そして優しい青年将校から日本史上最悪のテロリストへの「変貌の一〇年間」において、士官学校勤務の時間、すなわち東條英機との出会いは、特に彼を変えたものではなかった。

「十一月二十日事件」と辻の挫折

ところで、辻が東條の下で士官学校に勤務していた時期は、陸軍内での皇道《こうどう》派と統制《とうせい》派の派閥対立が最も激化している時期であった。辻は上司の東條とともに統制派に属していたが、真崎甚三郎《まさきじんざぶろう》や荒木貞夫《あらきさだお》、小畑敏四郎《おばたとししろう》たちを指導者とする皇道派の影響力は、この時期かなり増大しており、押され気味の統制派グループはかなりの危機感を持っていた。

皇道派は精神主義的・大アジア主義的傾向が強く、対ソ戦争計画を主張し、中国との戦争計画には否定的であった。これに対し統制派は理論主義的で、中国の反日勢力に一撃を与えるための対中国戦争計画の必要性を主張していた。

また政治手法に関しても、皇道派に政治的クーデターを模索する人物が多かったのに対し、統制派はクーデターのような過激な手法には否定的というように、ことごとく対立していた。

陸軍内にはこの両派以外に、板垣征四郎《いたがきせいしろう》や石原莞爾に率いられる満州組と呼ばれるグループもあり、満州組は統制・皇道両派と是々非々の見解と立場を展開していた。

こうした対立状況の中、昭和九年（一九三四）十一月、士官学校の士官候補生だった佐藤勝郎が、「士官学校内の皇道派軍人の中で、クーデター計画・政府転覆計画が進行しており、自分も誘われている」という驚くべき情報を辻のところに知らせてきた。辻の報告を受けて事態を重視した陸軍首脳は、大々的な捜査に乗り出した。この反乱未遂事件は「士官学校事件」あるいは「十一月二十日事件」と呼ばれている。

しかし今日ではこの十一月二十日事件は、まったく架空の反乱計画だったことが判明している。

事件の実情は、辻に手なずけられた佐藤士官候補生が、士官学校内の皇道派にスパイとして潜入、皇道派グループの中で、佐藤自身がクーデター計画、首相や重臣暗殺のようなことをとりとめなく話したということだけが事件の概要（ある意味で事件のすべて）だったのである。村中孝次《むらなかたかじ》たち士官学校内の皇道派たちは、佐藤のことを妙なことを言うやつだ、と思いつつ、うなずいて聞いていた程度のものだったが、村中たちはそれだけで「共犯」とされてしまったのだ。佐藤の一連の謀略を裏で指令したのは、もちろん辻であった。ちなみに佐藤はこの事件で退校処分になったが、辻は、佐藤の死にいたるまでその経済的面倒をみている。

十一月二十日事件についての事件捜査は、証拠不十分ということで、村中たち「容疑者」は不起訴処分になった。しかし、たとえ不起訴処分に終わったとしても、皇道派グループが辻たちのでっちあげ行為、放火犯的行動に激怒したことはいうまでもない。

皇道派の行動はこの十一月二十日事件以降、急激にエスカレートし、翌年八月に起きた、皇道派軍人・相沢三郎《あいざわさぶろう》中佐による統制派の理論的指導者、永田鉄山《ながたてつざん》惨殺事件、さらに翌々年の皇道派による二・二六事件につながっていき、ついには自壊することになる。

辻とすれば、この十一月二十日事件は、皇道派の勢力に打撃を与えるための、生まれてはじめての政治的謀略だったということになろう。優しい青年将校・辻政信に、暗い方向への変化の兆しが見えたともいえる。しかしこの策謀の結果は、辻にとってひどく不本意なものだった。

　辻の謀略による事件関係者は、形式的には有罪にならず、また結果論とはいえ、統制派最大の頭脳であった永田鉄山がこの事件の余波で殺害されたことは、辻にとってたいへんなショックだったに違いない。そして何より、辻の策謀を疑う皇道派の反撃によって、辻自身も水戸の第二連隊に左遷されてしまったのである。生まれてはじめてエリートコースから外されたと感じた辻の失意は深く、水戸への左遷後、辻はいったん軍服を脱ぐ決意さえしている。

　軍服を脱ぐ決意をした辻が目指そうとした新天地は、満州であった。軍人をやめようとした辻が満州の地で何をなそうとしていたかはわからない。この除隊の決意は夫人の反対・妨害によって立ち消えになるが、それからまもなくして、辻は奇《く》しくも、その満州の関東軍参謀部付への転任辞令を受け取る。満州、そこはまさに辻の人生にとって、まったくの新天地となったのである。

奇行の数々と、その意味

人間の人格の変貌は、決して突然起きるものではない。変化の予兆は、その以前から見えにくい形で生じ、それは徐々にその「突然の変化」につながっていく。それは辻政信についても、もちろんあてはまる。

二十代・青年将校時代の辻は、部下に優しく、女性に禁欲的な謹厳実直な軍人であった。部下や下士官にも人気があった。しかしそのような辻がイコール爽快《そうかい》な人物であったかというと、そうではない。三白眼《さんぱくがん》の目で対象を黙って凝視する辻は、当時からすでにさまざまな奇行でも知られていた。料亭での酒吹きかけ事件以外にも、次のようなエピソードが伝えられている。

・士官学校や陸大時代の辻の猛勉強ぶりは学内でも有名で、それに関心を持った同僚が辻の部屋を覗《のぞ》くと、深夜でも辻は少しも眠らず、机に向かっている。同僚は辻がいつ覗いても寝ていないので、心配になり、辻に充分な睡眠をすすめると「自分は机に向かったまま、毛布をかぶって毎日二時間ほど睡眠をとるようにしているから心配はない」と答えたという。

・普通の指揮刀では軽すぎるといって、実戦に用いる軍刀と同様の特別に重い刀をつくらせて、それを使った。また普通の軍靴では軽すぎて体力が余ってしまって困るといい、特別に重い軍靴をつくらせて、それを用いていたという。

・士官学校の夏休み、東京から故郷の石川県まで地図上に直線を引き、山や川や森におかまいなく、その最短距離の線に従って徒歩旅行をしたという。

・同僚の青年軍人が毎日曜に外出して遊びまわるのを苦々しく思った辻は、日曜の朝に剣道の猛稽古を同僚たちに施した。同僚たちはヘトヘトになってしまい、日曜の外出を控えるようになった。難癖をつけられた辻は、「自分は他人の自由を侵害したおぼえはない」と、とぼけていたという。

毎晩の徹夜や軍刀・軍靴の話からすると、辻はよほど体力と気力のある人間だったようである。「自分にとって体力的・精神的に無理なことはない」、つまり「無理ということの不在」、これが若いときからの辻の自分への絶対的な自信だったのであろう。「無理」ということがありえない辻の体力・気力にとって、日本列島も日本軍も、きわめて狭い世界だと思われたことは想像に難くない。だからこそ、人生最初の謀略（十一月二十日事件）が思わしくない結果になったとき、辻はいったん、日本列島からも日本軍からも離れる決意をしたのであろう。

日本列島や日本軍の中での辻の居心地の悪さは、東京から石川県までを直線徒歩旅行したという馬鹿げたエピソードに実はよく表われているように思う。常識的な人間であれば、たとえ先鋭な軍人であっても、東京から石川に行くのに、街道なり鉄道を利用して移動し、時々途中の風景や風物を楽しんだりするであろう。

無限である自分に限界を与えてしまうこの日本という土地へのどうしようもない思い、その日本の地図を切り刻んでやろうという異様な幻想が、辻にそんな奇怪きわまる徒歩旅行をさせたのではないだろうか。

辻のそうした異様な精神はしかし、二十代の間は、まだなんとか個人的な倫理にとどまっており、それを他者や軍隊全体に強制するというような精神的段階には至っていなかった。しかしそのどろどろとした精神的エネルギーは、剣道のエピソードがあるように、沸々《ふつふつ》と煮えたぎっており、いつ爆発してもおかしくないという段階にまで達していた。「きっかけ」だけが彼に訪れていなかった。東條のような常識的な軍人では、辻の爆発を誘導するだけの力はなかったのである。

その激しい精神の沸騰を、いつも爆発寸前で押さえこむのは、世間だけでなく軍隊の中にもびっしりと敷き詰められている「日本的なるもの」の抑圧であった。あらゆることが無理ではないと思い込んでいる辻に、常に「日本的なるもの」という圧力が立ちふさがる。

つまり辻政信という人間は、日本軍人でいながら、日本人であることが耐え難く窮屈であるという不満をずっと持っていたのである。そういう人物が、満州という新天地において軍人として活動することを許されるとき、いったいどういうことが起きるのであろうか？

新天地・満州と「教祖」石原莞爾との出会い

昭和十一年（一九三六）四月、辻は関東軍参謀部に転任した。そしてその日から、満州国とは何か、関東軍とは何か、満州事変とは何かについて、猛烈に勉強をはじめる。外されたと思い込んでいたエリートコースに戻ることができ、また何といっても、長年の足枷《あしかせ》だった狭い日本列島から抜け出ることができたと考える辻の新天地での意欲は、大変なものだった。

満州はたしかに日本列島に比べて、広大である。しかし転任したばかりの辻には、満州も満州国も広大にすぎるだけで、すぐに理解することはできず、辻の意欲は空回りしていた。満州事変の全貌や目的もよくわからなかった。花谷《はなや》正《ただし》ら関東軍の先輩参謀にいろいろ質問をぶつけてみるが、どうも要領を得ない。

そこで辻はいったん帰国上京し、満州事変の中心人物であり、満州国の理念の主導者である石原莞爾のもとを訪ねて教えを乞《こ》うことにした。石原はこのとき、東京の参謀本部で戦争指導課長のポストにあった。この訪問こそが、辻の人生における最大の精神的瞬間を形成することになる。辻は宗教的啓示の瞬間と言っていいほどの感動の対座を、のちに次のように記している。

石原参謀といえば戦争の神様であり、鬼でも取って食う人かと考えていたのに、之《これ》はまたどうしたことであろう。心から満州人を愛し、懸値《かけね》なく民族協和の精神を実践し、信奉しておられる。眦《まなじり》を決して、満州を取らねば英霊に相すまぬとばかり考え、地図を日本と同色で塗り潰した過去の考えが如何に幼稚なものであっただろう。穴があったら入りたいようであり、顔から火が出るように感じた。

今まで多くの上官や先輩に接したが、階級や職務を越えてこんな事は初めてであり、又終わりでもあった。この石原さんに会うと、自然に襟《えり》を正すような気持ちになった。眼を細くして、ニヤニヤ笑われると、心の底が見透かされているように感じた。

先覚の導師によって物の見方が、中国、満州、東亜に対する考え方が、権益思想から道義思想へと、百八十度の大転換をするに至った。見識の相違は、こんなにも恐ろしい力を持っているものであろうか。

（自著『亜細亜の共感』）

この出会い以後、辻の生涯にわたっての石原への崇拝がはじまる。辻は石原のことを「石原導師」と呼びつづけた。「石原教」への入信、ともいってよいであろう。これは辻に限ったことではなく、石原にはそういう宗教者的雰囲気が強くあり、たとえば辻の盟友である服部卓四郎など、初対面で石原に心を射貫《いぬ》かれてしまった「信者」が陸軍や満州に数

関東軍作戦参謀時代の石原莞爾。昭和6年（1931）の満州事変を主導し満州国の建国を成功させるも、のちに軍の主流と対立し、昭和16年（1941）に退役した。だがその思想は、日本軍内部に多大な影響を及ぼした。
写真提供／毎日新聞社

多くいたのである。

辻の石原、そして「石原教」との出会いとこの感動は、掛け値なしの崇高な感情の到来だったことは間違いないと言えるだろう。しかしその激しい石原崇拝の感情は、その後の辻に、具体的にはいかなる変化をもたらしたのであろうか。

石原の不拡大論と真逆の方向へ突っ走る辻

辻と石原との出会いの翌年、盧溝橋《ろこうきょう》事件が発生、日中戦争が勃発する。陸軍首脳では戦線拡大派と不拡大派が激しく対立する。不拡大派の中心人物が石原で、石原は満州国の安定のためにはこの戦争はまったく無意味であるとして必死に陸軍首脳を説得している。しかしその石原が、直属の部下の武藤章《むとうあきら》に見事に論理矛盾をつかれて反論されたのは、序章で述べた通りである。

そのほぼ同じ頃の昭和十二年（一九三七）七月二十日、関東軍参謀の辻が、突然、盧溝橋事件の作戦を担当していた天津《てんしん》の支那駐屯軍司令部に姿を現わし、作戦主任参謀の池田《いけだ》純久《すみひさ》中佐（のち内閣綜合計画局長官として終戦。戦後、実業家）に向かって強硬な態度で、ある作戦案を進言した。

辻は池田中佐に、翌日、関東軍が山海関《さんかいかん》（遼東《りょうとう》湾西部、万里の長城の始点にあたる）にある爆撃機をもって、盧溝橋付近の中華民国軍を爆撃すること、自らも戦闘機に乗り、爆撃を支援する旨を通告した。

池田自身は不拡大派で、東京の石原の考えに同調する立場だったが、辻の提案に驚いて、

「せっかく不拡大主義でまとまりかけているのに、爆撃したら、万事ぶちこわしだ。どうしてそんな乱暴をやるのだ？」

と問いかけると、辻は、

「北支軍（支那駐屯軍）の仕事がやりやすいようにするためです」

という。もちろん、中央の参謀本部の承認もない。辻いわく、

「中央部がぐずぐずしているから独断でやるのです」

「どうしてもやります」

という強硬論である。この辻の言動は、二年後のノモンハンでの独断行動に通じるものを見出すことは、もちろん可能だ。

池田と辻の押し問答は続き、とうとう堪忍袋の緒を切らした池田は「どうしても出撃す

るなら、我ら支那駐屯軍により、友軍相撃ちで撃墜してやるぞ」と言い切ると、さすがの辻も断念して引き下がっていった。

このように関東軍の介入はおさえたものの、石原や池田の不拡大論は、陸軍内部で次第に劣勢になっていく。また石原自身もかかわった、駐中国ドイツ大使トラウトマンを仲介にした近衛《このえ》内閣の講和工作も、広田弘毅《ひろたこうき》外相の優柔不断な態度が原因で頓挫《とんざ》してしまい、日中戦争は長期化の道を辿っていくことになる。

この日中戦争の勃発と長期化は、石原の満州国建国・経営の理想の最大の誤算であった。石原からすれば、満州国を中華民国率いる蔣介石と日本が共同経営していくことが最低限の政治的条件であったからである。

もちろん石原には、蔣介石への認識の甘さもあり、満州国の理念が日本人に思ったほどに浸透していないという誤算もあった。いずれにしても、石原が唱え、辻が感動的に共感したという大アジア主義の理念が実現する可能性も、このときに跡形もなく消えていったのである。

だが私がここで指摘したいのは、石原を宗教的に崇拝しているはずの辻の石原への「背信」である。

戦後明らかにされた近衛首相爆殺計画

日本人への理念の浸透の不足という面からすれば、石原の理想は、最大級の言葉で愛弟子たることを自称する辻にさえ浸透していなかった。「教祖」の石原が、全身全霊をかけて事変の不拡大に努めているまさにその最中に、「信徒」の辻は、事態を正反対に導く方向に動きまわっていたのである。これほどの背信行為はない。

しかし、辻の石原への崇拝はまったく揺らぐことはないのだ。これは、どういうことなのか。

辻による石原の思想に真向から対立する行動は、これにとどまらない。大東亜戦争勃発間近の昭和十六年（一九四一）、石原は、対米戦争は戦争経済の面から勝算はないとして隠棲先の山形から上京、陸軍首脳たちを説得にまわっていたが、ちょうど同じ頃、辻は大本営参謀として、対米戦争推進の最強硬論者として、日夜作戦計画に励んでいた。

そんなおり、昭和十六年八月に至ったところで、日米間の最後の妥協の可能性を探るために、近衛文麿《ふみまろ》首相がルーズベルトとの直接会談を模索しはじめたという話が、辻の耳に入った。

この近衛・ルーズベルト会談については、アメリカ側の反応は最初のうち好感触であるかのように伝わり、日本側もまず及川古志郎《おいかわこしろう》海相が全面的に賛成し、東條英機陸相も条件付で賛成に傾いたため、主戦派グループは、この首脳会談の実現により対米戦が回避されてしまうのではないかという重大な危惧《きぐ》を抱くこととなった。

そんなとき、右翼の大物で、政財界の最精鋭のフィクサーであった児玉誉士夫《こだまよしお》の前に、大本営参謀の辻が現われた。会談場所の候補地に挙げられていたハワイかアラスカに向けて近衛首相が乗船する前に、首相の車を爆破する実行犯を紹介してほしいという相談を持ちかけてきたという。児玉が了解すると、辻はすぐに、当時としては高性能の時限爆弾を四つ持ってきた。この驚くべき近衛首相暗殺計画の存在は、戦後になってはじめて、児玉によって明らかにされた。

直接会談は日米両国の調整失敗によって実現せず（会談計画を妨害した中心はハル国務長官であった）、爆殺計画も立ち消えになったからいいようなものの、首相を爆殺してまで石原の思想と真逆の方向に暴走しようとすることからして、辻の生涯にわたる石原崇拝とはいったい何であったのだろうかと思わざるをえない。

辻政信にとって、石原莞爾とは何だったのか

　おそらく辻にとって、石原の壮大な思想の内容はどうでもよかったのである。辻の石原との出会いの意味は別のところにあった。辻が石原との出会いを通じて自分の脳裏に訪れたもの、それは従来から自分のエネルギー爆発の足枷《あしかせ》になっていた「日本」「日本軍」というものからの解放だったのである。辻は石原の存在によってついに「きっかけ」をつかんだのである。

　辻の石原との出会いの感動の言葉に戻ろう。

「地図を日本と同色で塗り潰した過去の考えが如何に幼稚なものであっただろう」というくだりは、決してアジア民族の協和というような平和的な理念を辻が得たのではなく、自分はもはや日本軍の戦争計画というような制限を受けることなく、そのあまりある精力を一個人として発揮していくべきだという確信だったように読みとるべきではないか。日本と同色でない満州の地図の中で、閉じ込められた辻は「解放」されたのである。

　石原自身は極端なほどの能力中心主義者で、無能と思えば上官を平気で罵倒するような性癖を持っていた。こうした軍隊階級への破壊的な態度が「許される」ということも、辻を激しく勢いづけたのであろう。だからこそ「今までに多くの上官や先輩に接したが、階

級や職務を越えてこんな事は初めてであり、又終わりでもあった」と辻は言っているのではないだろうか。

これ以降の辻は、自身の持つ理想や理念の正しさが、軍隊内の狭い規律にまったく優先するようになる。つまり、理想のためのいかなる手段でも許されてしまうと考えるようになるのである。

こうして、「先覚の導師によって物の見方が、中国、満州、東亜に対する考え方が、権益思想から道義思想へと、百八十度の大転換をするに至った」ということになる。それでは「道義思想」の「道義」とは何か。

それは石原が抱いていた大アジア主義のような政治的理念ではない。「無理の不在」という辻の個人的倫理が、「日本的なるもの」という鎖を断ち切り、無制限に解放された先に見えてきた辻自身のあらん限りのプライドの実現であるにすぎない。

哲学者サルトルは「自分はただ自分である」というようなことを言う人間のプライドを「形而上学的プライド」と揶揄《やゆ》した。辻政信にとって「形而上学的プライド」という言葉ほどふさわしい言葉はない。その「形而上学的プライド」という辻個人の道義思想が、石原との出会いによって可能になったように、彼には思われたのだ。

すべては辻の稚拙な勘違いだったともいえるであろう。まるで戒律の本質を理解しないで、一時の感動を通じてクリスチャンの洗礼を受ける信徒のように。しかしその勘違いが、辻の長い間の迷いを見事に断ち切ったという事実そのものが重要である。広大な満州の土地は、広大すぎるただの土地ではなく、辻の爆発寸前だった「形而上学的プライド」を爆発させてくれる、広大な宇宙へと姿を変えたのであった。

満州国の正の遺産・負の遺産

満州国の「限りない広さ」は、日本に歴史上、さまざまな功罪をもたらした。日露戦争で日本人が初めて立ち向かわなければならないものは「近代」だった、と言ったのは福田《ふくだ》恆存《つねあり》であったが、満州国の経営や理念で日本人の前に克服すべき対象として現われたのは、近代主義のその先にある「限りない広さ」であったようにも思われる。それを日本は満州国の経営から学んだのである。

たとえば、石原が打ち立てた満州国の精神的財産についての福田《ふくだ》和也《かずや》氏の次のような指摘は、まったく正しい見解である。

石原莞爾の理想通りに、本当に日・満・中・朝・蒙の五民族が、五族協和でやれていたら、あるいはアメリカ合衆国のアジア版のようなものになっていた可能性もあるわけです。日本が大英帝国で、満州国がアメリカ合衆国という位置づけになる。王道楽土、五族協和といった理念の問題はさしおいても、戦後日本の繁栄の基礎に満州国体験があるというのは否定できない事実ですね。満州で宮崎正義《みやざきまさよし》や、戦後に新幹線を手がける十河信二《そごうしんじ》、それに岸信介《きしのぶすけ》や椎名悦三郎《しいなえつさぶろう》といった官僚たちが、ある種の大規模な計画経済を行って、重工業を中心としたインフラをつくったことは、戦後の日本経済の復興にとってかけがえのない経験となった。

加えて社会経験としての満州生活もけっこう大きい。今でも大連《だいれん》の市街にいくと、戦後の日本のマイホームの原型がうかがえます。子供たちがそれぞれ一部屋を持ち、家族が居間で顔を合わせて、客を応接間で迎える。満州経験を持つ清岡卓行《きよおかたかゆき》さんの小説などを読むと、消費物質もけっこうあって、映画も満映があり、遊園地もある。戦後社会を先取りしたような経験をしている。だから内地に帰ると辛くてしようがない。

（福田和也他編『二十世紀　日本の戦争』）

明治維新以降の日本の近代化は、それなりに順調に展開した。しかし従来の日本のスケールを打ち破るような巨大な重工業生産の計画、またあるいは果てしなく伸びていく個人消費社会のモラルなど、ハイレベルな近代社会に至るには、明治期をさらに一歩進める産業革命・精神革命がどうしても必要であった。それら必要な革命を可能にしてくれたものが、日本人の満州国体験だったというわけである。戦後日本が、アメリカ型資本主義と互角に渡り合う力を持つことができたのも、満州国での産業的・精神的飛躍があったからだ、ということもできる。

しかし反面、満州国経験が多様な負の側面をも日本にもたらした。たとえば東條英機は、満州国憲兵隊司令官の職にあったとき、憲兵隊を重用する方法をおぼえた。そののち、東條は日本国内で、首相に上り詰めてもなお、憲兵隊を重用しつづける。これが東條のほとんど致命的といっていい欠点になってしまう。

大陸国家であり、中国やソビエトのようなインテリジェンス戦の権化のような国と境を接している満州国においては、膨大な諜報戦、スパイ戦が展開される必然があった。そうした大陸型の諜報戦の陰湿さを、東條は日本国内に持ち込んでしまったのだ。

これは精神的な面でマイナスの満州の「限りない広さ」というべきであろう。他人や世間への疑いに耐えることのできない「信頼」好きの日本人が、東條の大陸国家的な憲兵政治を嫌い、東條内閣から離反していくのは、あまりにも当然のことであった。

「辻政信」という存在もまた、東條の憲兵政治とともに、満州国の負の遺産の一つであったというべきであろう。辻にとって、満州国の「限りない広さ」は、辻自身の「形而上学的プライド」の解放を許すものとなった。

辻は戦後、アメリカの情報機関から「第三次世界大戦も起こしかねない男」と評されたが、辻にとっての満州国と石原莞爾から与えられた広さは、まさに自分の理想のためには世界戦争もよしとするような「限りない暴力の広さ」として解釈されたのである。ノモンハンでの自決強要も、上海での料亭放火も、首相爆殺計画も、辻にとってはすべてが可能になったのである。辻は満州の地と、石原との出会いによってまったくの別人と化したのだった。

福田和也が言う、満州国の正の遺産は、かなりの時間をかけて戦後の日本列島に訪れた。しかし「辻政信」という負の遺産は、この後すぐに、日本に大いなる災厄として襲い掛かる。日本的なるもの、日本軍的なるものの足枷から自由になった辻の「形而上学的プライド」は、大東亜戦争各場面の作戦指導で猛威を振るい、日本の大戦での命運をまっさかさまに陥れていくのである。

大東亜戦争中の辻の経歴

ここで時間の流れを少し整理しよう。辻が関東軍参謀に転任したのは昭和十一年（一九三六）四月であり、まもなくして石原に出会う。日中戦争の勃発は昭和十二年（一九三七）七月、ノモンハン事件は昭和十四年（一九三九）五月に起きている。事件後、中国漢口の第十一軍にいったん左遷させられるが、翌昭和十五年（一九四〇）二月には支那派遣軍総司令部に栄転する。上海での料亭放火事件はこの時期である。

既述したように、ここで辻はいったん東條の逆鱗に触れて台湾方面軍に転出させられるが、翌昭和十六年（一九四一）七月には参謀本部作戦課に栄転する。辻はここで、迫りくる大東亜戦争の作戦立案に没頭、彼はこれ以降、大東亜戦争の戦場の各地と東京を行ったり来たりすることになる。

大東亜戦争開始直前、重要作戦の一つであったマレー方面の第二十五軍参謀に転出。開戦後はマレー作戦、シンガポール攻略作戦に参加した。このシンガポールの陥落時に、悪名高い華僑虐殺事件を引き起こしている。そののち再び参謀本部に復職した辻は、フィリピン視察時にバターンでの大本営命令偽造事件を起こし、さらにガダルカナルに大本営派遣参謀として赴く。

戦局が悪化しはじめた昭和十八年（一九四三）二月には陸軍大学校教官になるが、その後まもなくして、かつて一度勤務した支那派遣軍司令部に再び赴任。翌年の七月には、激しい苦戦を強《し》いられているビルマ方面の第三十三軍参謀に転任、ここでイギリス軍捕虜の人肉試食事件を引き起こしている。終戦近くの昭和二十年（一九四五）五月にはタイ方面軍の第三十九軍参謀、七月にはタイ方面の部隊を中心に再編された第十八方面軍の参謀に就任、タイの首都バンコクで終戦を迎えることになる。

ガダルカナルにおける地獄の作戦指導

大東亜戦争の南方戦線において辻のとった作戦計画は、そのほとんどが常人の考えを絶するものであった。

端的にいえば、彼の作戦計画の特徴は、攻撃に関しては補給戦を完全に無視したある種の電撃作戦であり、防御に関しては人的損害を顧みない玉砕戦の戦術であった。「補給」

にしても「人的損害」にしても、「無理の不在」を確信する辻にとっては、どうでもいいことなのだ。

客観的にみれば、大戦初期におけるマレー作戦の第二十五軍参謀としての作戦立案が、唯一の成功例であり、この作戦で辻の能力を過大評価したジャーナリズムによって、彼は「作戦の神様」という呼称を日本国内で得てしまう。その国民的人気で、辻はますます勢いを得る。

辻はどこの戦場でも一参謀であり、司令官・参謀長はおろか、参謀副長にさえなったことはない。しかし辻が赴《おもむ》く司令部は、辻の強硬意見にたいてい引きずられてしまうのが常であった。ノモンハンのように司令部の大勢が決していれば別であるが、大概の司令部は意見対立がある。そんなとき、かならずといっていいほど、暴力的な大声で精神論を吐く辻に軍配があがってしまう。

たとえば、高山信武《たかやましのぶ》（戦後、陸上自衛隊北部方面総監）は、戦時下、参謀本部参謀として、先輩参謀の辻とさまざまな言い争いをしたことを記している。二人の見解が特に対立したのは、ガダルカナル戦についてであった。

高山はガダルカナルは制空権劣位の情勢では勝機はないと主張した。ゆえにガダルカナル戦を開始した海軍の意向に左右されず、ガダルカナルからは撤退し、いったん防御線全体を縮小すべきではないかという高山の主張に対し、辻は猛然とこう言い返したという。

「……偉そうなことを言うな。戦いには機というものがある。兵には勢いというものが大事だ。今や戦機だ。今ガ島を敵手に渡したら、敵に勢いを与えることになる。徒《いたず》らに数や形に捉われることなく、必勝の信念をもって敵に食いつくことが大事だ。わが精鋭なる皇軍の精神力の向かうところ、なんの恐れるところあろう。貴様に忠告するが、参謀たる者は絶対弱音を吐いたらいかん。退却などという言葉は、絶対口に出すでないぞ！」

（高山信武『服部卓四郎と辻政信』）

さらに高山は、補給面からガダルカナルの戦いの長期化は無謀と主張した。これに対しての辻の答えはこうであった。

「……貴様は、陸軍省や企画院の意向を代弁するつもりだろうが、たしかに国力の涵養《かんよう》も大事だし、船舶の損耗は痛い。しかし作戦は他の何よりも優先する。戦いに敗れたらすべては終りだ。それに戦いには機というものがある。今やまさに戦機だ。目前の戦いを逸して、なにが国力だ。貴様は作戦課参謀として、まず勝つことを考えよ。敵反攻の初動を制す……これが現戦局に処する基本方針だ」（前掲書）

結局、参謀本部内でのガダルカナル戦の問題は、辻の精神論・強硬論が高山の慎重論を圧倒してしまう。この重大な決定により日本が戦略的にさしたる意味のないガダルカナル争奪の消耗戦にまきこまれ、虎の子の戦力の多くを喪失した。ガダルカナル戦の失敗は、ある意味でミッドウェイ作戦の失敗よりも、はるかに重大なものだった。

もとより、ガダルカナルの戦いの始まりは海軍に責任があり、陸軍が言い出した作戦ではない。しかし大本営や陸軍が全力を挙げて作戦の無意味さを海軍に説《と》けば、事態が変わった可能性は充分にある。

しかし辻はあろうことか、ガダルカナル戦に関して、海軍も顔負けの過激な強硬論を展開し、作戦を長期化させてしまった。作戦長期化に関して、何の数字的・戦略的根拠があったわけではない。しかも既述したように、辻は作戦指導に赴いたガダルカナル現地で、現地指揮官の川口清健少将と対立、川口少将が反対する攻撃作戦を強行して失敗すると、参謀本部参謀の権威を利用し、責任を川口少将に押し付けて解任に導くというおまけの蛮行までしでかしている。

川口少将は戦後、雑誌や討論会で辻の非を激しく追及したが、ついに辻はガダルカナルでの自分の作戦指導の誤りを認めなかった。

ここまで、ノモンハン、日中戦争、ガダルカナルなどでの辻の蛮行について記してきた。

しかしこれまでの話はまだ「魔の参謀」の活躍の序章にすぎない。この「魔の参謀」に、さらに大いなる「魔神」、強いていえば「東洋の魔神」がまとわりついて、我が国の悲劇をより大きなものにしていくのである。次章では、この「東洋の魔神」について、触れることにしよう。

第二章　「魔の参謀」と「東洋の魔神」の接点

日本軍が大勝利を収めた大陸打通《だつう》作戦

第二次世界大戦の戦史に詳しい人は、昭和十九年（一九四四）中盤から年末にかけての枢軸国の戦局について、どのようなイメージをお持ちだろうか。

太平洋戦線では、日本軍はマリアナ沖海戦とレイテ沖海戦で連合艦隊の主力がほぼ壊滅、サイパン島が玉砕陥落、B29による日本本土空襲が本格化しはじめている。ヨーロッパ戦線では西側連合軍のフランス上陸と、ソ連軍のパグラチオン大攻勢により、ドイツは東西両戦線での敗色を決定的にしていた。このドイツに見切りをつけた東欧諸国やフィンランドなどの枢軸国が、夏以降、五月雨《さみだれ》式に降伏してしまう。どうみても、枢軸国は破局へと転がり落ちていく時期であった。

ところがこの暗い時期に、一つのある完璧な勝利の報が、枢軸国側からもたらされたのである。昭和十九年四月に中国戦線で日本軍によって開始され、翌年はじめにかけて継続された「大陸打通《だつう》作戦」がそれであった。この作戦には、支那派遣軍（中国大陸方面軍）のほぼ全兵力にあたる五〇万人以上の兵員が動員された。単一の作戦としては日本陸軍建軍以来、最大級の規模の作戦であった。

〈年譜〉辻政信の略歴（その２）
大東亜戦争開始から死亡宣告まで

昭和17年（1942）	２月、第25軍のマレー作戦を作戦指導し、シンガポール攻略後、華僑虐殺事件を起こす ３月、参謀部作戦班長に栄転 ４月、フィリピン戦線バターン半島で米軍投降者一斉射殺という偽命令を伝達 ７月、戦略研究命令を受けてポートモレスビー作戦に赴き、多大な犠牲を出す 10月、ガダルカナル島で第二次総攻撃を強行し失敗
昭和18年（1943）	２月、陸軍大学校教官に任官 ８月、支那派遣軍総司令部に異動（2回目の南京勤務）
昭和19年（1944）	７月、ビルマ第33軍に転任（イギリス軍捕虜人肉試食事件）
昭和20年（1945）	５月、タイ第39軍に赴任 ７月、タイ第18方面軍に転任 ８月、バンコクで終戦。僧侶に変装、自殺偽装して中国に逃走。その後、国民党国防部勤務という肩書きを得る
昭和23年（1948）	５月、日本に帰国
昭和25年（1950）	このころ、蒋介石のインドシナ工作に携わる 戦犯指定から逃れ、この年『潜行三千里』『十五対一』を刊行、ベストセラー作家となる
昭和27年（1952）	10月、石川一区から衆議院議員に初当選
昭和30年（1955）	ソ連視察旅行、ジューコフとも極秘会談
昭和34年（1959）	岸信介を攻撃して自民党除名。４期目途中で衆議院議員辞職。参議院議員に当選
昭和36年（1961）	国会に40日の休暇申請を提出し、４月４日に出国。 ４月21日、ビエンチャンを出たのを最後に消息不明
昭和44年（1969）	６月、東京家裁が1968年７月20日付の死亡宣告

（その1は、33P）

四月十七日に作戦を開始した日本軍は、河南省《かなん》、湖南省《こなん》、広西省《こうせい》（現在の広西チワン族自治区）にいたる約一四〇〇キロの戦線で中国国民党軍を次々と撃破、洛陽《らくよう》、長沙《ちようさ》、衡陽《こうよう》、桂林《けいりん》などの中国側の重要拠点は次々と陥落した。この会戦での中国軍の敗北ぶりのひどさは、国民党軍の有力幹部で蔣介石三羽烏の一人といわれた湯恩伯《とうおんはく》将軍をして「中国もいよいよこの戦争（日中戦争）に敗れてしまうのか」と嘆かせるほどのものだった。

日本軍の攻勢は翌昭和二十年（一九四五）になっても少しも衰えを見せない。たとえばこの大陸打通作戦に従軍した佐々木春隆《ささきはるたか》氏（戦後、防衛大学教授）は、時折入ってくる太平洋戦線の玉砕戦や本土空襲のニュースと別次元であるかのような「勝ち戦」が、次々に眼前に展開したことを戦後、伝えている。日本軍は、アメリカとの戦争の原因となった中国大陸での戦いに、最終的に「勝利」を得ていながら、戦争全体としては「敗戦」を迎えるという、実に皮肉な結果を甘受することになったわけである。

この大陸打通作戦において、中国国民党軍が敗北を喫《きつ》する要素は、物量面においては、ほとんどなかったといってよい。たとえば中国側はアメリカから大量に支援を受け、日本側をはるかに上回る航空戦力を有していた。日本軍は太平洋戦線で精一杯で、いくら大作戦とはいえ、航空戦力を中国戦線に投じる余裕はなく、制空権はなかった。にもかかわらず、地上の中国軍はみるみる敗れていってしまう。制空権を有した地上軍が問題外の大敗を喫するということは、近代戦争においてありえないことだ。

中華民国軍は、なぜこれほどまでに弱かったのだろうか。蔣介石のもとにルーズベルトから軍事顧問として派遣されていたスティルウェルは日記に、中華民国軍について、

「一個師団の数は五〇〇〇人を超えていない」

「兵士は給料をもらえず、栄養失調と病気に悩まされているが、軍隊に医療班もない」

「汚職がはびこっていて賞罰がひどく不公平である」

「兵士たちは商売に走っている」

と指摘する。そのうえで、

「中国の赤十字社は、ヤミ市場の本場である。薬品の盗みと売買が盛んだ。軍の手には何も入らない。栄養不良や病気が軍を滅ぼしつつある。上級将校は兵士の糧食を盗んでいる。みごとな光景だ」

とし、中華民国軍がおおよそ近代国家の軍隊の常識を何も持っておらず、日本軍の相手にならない存在だと述べている。

中国軍が戦史の常識に反する大敗を喫したことで、その国際政治的立場を急に危うくし、はげしく焦った人物がいた。他ならぬ中華民国・中国国民党の主席である蔣介石である。目前に控えた連合国全体の勝利、その首脳の一員としての彼の輝かしい地位が、突然あやしいものになってしまったのである。

大陸打通作戦の目的は、第一に中国国内から日本本土への空襲を防ぐために中国国内でのアメリカ軍空軍基地を占領すること、第二に中国での日本の占領地域を南方インドシナの占領地域と地続きにすることで南方資源の搬入を容易にすることにあった。

しかし、この作戦を立案したのは辻の生涯の盟友である服部卓四郎《はっとりたくしろう》であるが、彼にすればもう一つの考えがあっただろう。

古来、戦術の基本原理の一つに、敵陣の防御の強固な部分への攻勢はなるべく避け、逆に防御が最も弱いと思われる部分に攻撃をしかけ、全体を切り崩していく、ということがある。この「実を避けて虚を撃つ」(『孫子《そんし》』)の原則に、服部たちは大戦末期にようやく気づいたともいえる。

「連合国のイタリア」だった中国

連合国の側は、第二次大戦を通じてこの原則に忠実であった。ゆえにドイツにいきなり大攻勢をしかけるなどということは考えず、常にイタリアから切り崩すことを第一に考えた。ノルマンディ上陸作戦より、地中海方面での反攻作戦が時間的に優先されたのはそのことによる。

イタリア軍の弱体ぶりは大戦の初期からよく知られており、たとえば枢軸国が圧倒的に優勢だった昭和十五年（一九四〇）から十六年（一九四一）、イタリアは軍事的弱小国であったギリシアに侵攻して大敗し、世界中の物笑いの種になっている。

これを連合国の側に置き換えれば、このイタリアの体《てい》たらくぶりは、中国国民党軍にそのまま当てはまるというべきであろう。もちろん中国大陸では日米開戦後も、日中両軍の戦闘が継続されていたが、たとえば世界全体の戦局が連合軍側に優位に展開しはじめた昭和十八年（一九四三）だけでも、江北《こうほく》作戦、江南《こうなん》作戦、常徳《じようとく》作戦の三つの大会戦すべてに、中国国民党軍は惨敗している。

さらに日中戦争開始時からみれば、日中両軍の大会戦は少なくみても十数回あるが、中国軍は実は一度も勝利らしい勝利を収めていない。まさに「連合国のイタリア」、それが中華民国軍だったのだ。服部たちが立案した大陸打通作戦の成功は、それが遅すぎたせいもあって、日本全体の命運を変えるというほどまでの効果はなかった。しかしある意味においては大成功を収めたといえる。日本軍の作戦勝利が、連合国間に重大な感情の相克を招き、連合国側の正義を分裂させることになったからである。

弱小国を同盟国に抱えてしまった強国の苦悩は、いつの時代でも同じである。大戦初期のヒトラーは、イタリアの無様な敗北の連続に苛立《いらだ》ち、嘆いてばかりいた。ヒトラーにしてみれば、枢軸側にとっての優位の流れが、イタリアのせいでいつ変わってしまうか、気が気でなかった。イタリアの弱さに関してのヒトラーの言葉をひこう。

イタリアとの同盟は、我々ドイツの利益になるよりも、明らかに敵方の利になることの方が大であった。私がモントワールに出向いているとき、ムッソリーニは私の不在をよいことにギリシャ侵攻を開始して失敗した。そのために我々は不本意にもバルカン問題に介入せざるを得なくなったし、ロシア進撃が致命的に遅れるのやむなきに至ったのである。我々がもし三月十五日にロシア攻撃を開始しておれば、事態は全く変わったものになっていたはずである。（略）

イタリアの軍人は何もできない。東方戦線には不向きである。北アフリカには不向きであるし、Uボート作戦にも向いていない。本国での高射砲作戦にも不向きである。彼らはなぜ戦争をするのであろうか。
（『ヒトラー語録』）

このヒトラーの嘆きとまったく同じ言葉を中国に対して向けたい思いでいたのは、昭和十九年後半の時点でのルーズベルトであった。このヒトラーの言葉で、「イタリア」を「中国」に、「ムッソリーニ」を「蔣介石」に置き換えれば、そのままルーズベルトの嘆きになる。

連合国にとって、ほとんどがうまくいっているのに、中国戦線だけが崩壊に向かっている。ルーズベルトとしては、少なくとも名目上は、この戦争は中国のためにかかわりを持ったのに、その中国が、連合国の勝利目前になってもまだ戦争をやる気がないという不条理に、イラついていたに違いない。そしてルーズベルトのそのイラつきが、ついに爆発するときがやってくる。

ルーズベルトの電報に接した蔣介石の反応

大陸打通作戦で中国軍が総崩れに陥っている昭和十九年九月十九日、ルーズベルトは蔣介石に対し、厳しい調子で蔣介石と中国軍の体たらくを非難する長文の電報を送った。これはかねてからのルーズベルトの蔣介石、中華民国への不信感を爆発させた内容のものであった。

電報の中でルーズベルトは、中国での軍事的指揮権の全権を、スティルウェルに譲るように指示した。この指示は蔣介石の中国での主権が剝奪《はくだつ》されることを意味していた。あるいは中国がアメリカの衛星国、いや半植民地に転落することも意味していた。電報を読み終えた蔣介石の部屋を、不気味な沈黙が支配した。側近の誰もが蔣介石の部屋を出ていったが、国民党外交部長の宋子文《そうしぶん》だけが蔣介石の執務室に残る。宋子文は蔣介石夫人、宋美齢《そうびれい》の実兄、つまり蔣介石の義理の兄であり、その右腕として活躍していた人物である。

宋子文はそこで、驚くべき光景を目撃することになった。五十八歳になる国民党主席が、まるで赤子のようにあたりをはばからずに泣きわめいたのである(保阪正康《ほさかまさやす》『蔣介石』)。宋子文が義理の弟のそういう姿を見るのは初めてであり、そして同時に最後でもあった。ルーズベルトの電報は、よほど屈辱的な内容だったのであろう。おそらく、ヒトラ

蔣介石と、中国戦線を担当した米司令官スティルウェル（中央は宋美齢・蔣介石夫人）。スティルウェルは蔣介石の参謀長も務めたが、中国軍が敗退を続けるにつれ蔣との関係は険悪になり、最後は解任された。その後、蔣介石は、日本への接近を画策する。

ーがイタリア人に関して言ったような愚痴、非難を、ルーズベルトは直截《ちよくせつ》的な表現で蔣介石に伝えたのではないだろうか。

しかし、ルーズベルトの怒りは、ごくまっとうなものだった。大東亜戦争が開始された昭和十六年（一九四一）以降だけでも、「連合国のイタリア」である中華民国へのアメリカの軍事支援額は一七億ドル以上（現在のレートに換算して一〇兆円近く）に達していた（「強化される対中援助体制」日本会議編『昭和史の真実』）。

さらに、援蔣ルートの開発など、蔣介石への支援作戦計画についてもたいへんな労力を投じた。にもかかわらず、中国大陸で蔣介石は一度も日本に勝てない。日本の軍事力の大半は太平洋方面に転用され、中国大陸の日本軍は弱体化しているにもかかわらずである。

アメリカは、イギリスやソ連にも膨大な額の軍事援助を展開している。しかしイギリスもソ連も、アメリカの期待に充分に応えるだけの善戦をしていた。中国に対しての軍事援助だけが紙屑に化していく。

ルーズベルトの電報に号泣した蔣介石は、自らと自らの国の不甲斐なさに絶望し反省したのであろうか。蔣介石は決してそのような弱々しい心理状態に陥らなかった。

彼はまず、アメリカがもはや自分を見限ろうとしていることを、はっきりと意識した。彼はこれまでの政治的人生のパターンに従って、自分が戦うべき敵と、自分に引き入れるべき味方を入れ替える時期に来ていることに気づいたのだ。ここから蔣介石の恐るべき単独行動が始まる。執務室で泣き終わった瞬間から、蔣介石の内部では、中国は連合国のメンバーから自主的にはずれたといってよい。

蔣介石の政治的延命をもたらしたある行動パターン

こうして日本軍の大陸打通作戦は見事に連合軍の団結を分裂させ、立案者の服部たちが思いもつかない形で、日本を逆に巻き込む遠大な蔣介石の策謀を呼び込むことになったのである。

ではここで繰り返されようとした蔣介石の政治的人生の「これまでのパターン」とは、いったい何であろうか？

よく知られた史実であるが、昭和十二年の日中戦争開始時、蔣介石はナチスドイツから巨大な軍事支援を受けていた。その数年前から開始されていたドイツから中国へのこの軍事支援は全面的なもので、中国国民党の最高会議には、ゼークト、ファルケンハウゼンたち超一流のドイツ軍将軍によって構成される軍事顧問団が出席していた。このドイツ軍事顧問団は、ゼークト将軍の「日本に対して中国が強くなるためには武器も必要であろうし、飛行機も必要であろう。けれども自分がドイツにおける国防軍を編制し、国防軍を動かした経験からするならば、今最も中国がやらねばならぬことは、中国の軍隊に対して、日本に対する敵愾心《てきがいしん》を養うことだ」という発言に見られるように、中国国民党の対日強硬策を積極的に支援し、さらには軍組織だけでなく、秘密警察や諜報組織の重要性も伝授している。

またファルケンハウゼンは、蔣介石に対してきわめて綿密な対日戦争の戦略意見書を提出した。注意すべきはゼークトやファルケンハウゼンの提言は、日中戦争開始前に行なわれたということである。

日中戦争初期、日本軍の前に出現する中国軍の武器は、ほとんどが当時ヨーロッパ最新鋭のドイツ製で、日本軍が意外な苦戦を強いられたのはこうした事情による（阿羅健一《あらけんいち》『日中戦争はドイツが仕組んだ』）。しかしこのときも、ドイツ化されていた中国軍は、装備で劣る日本軍にほとんど勝利することができないまま、昭和十三年（一九三八）、ヒトラーは中国への軍事支援を打ち切り、軍事顧問団を引き上げさせた。

これ以降、ナチスドイツの対アジア外交は急速に日本寄りのものとなっていく。ドイツからすれば、中国への軍事的援助は無益そのものだと気づいたのである。つまり、蔣介石はヒトラーをもイライラさせ、そして縁を切られてしまったのだ。そのときも蔣介石はどこかで絶望したのであろう。そしてドイツに替わる依存相手として、アメリカに急接近し、その力で日本に対抗しようとしたわけである。この切り替えの早さこそが、蔣介石の政治的人生を支えたカギなのである。

蔣介石とスターリンとの知られざる蜜月

「依存」が「勝利」あるいは「成功」を導かず、依存している自我への反省に向かず、単に依存する対象を乗り換えていく。このような病的傾向・性質は、蔣介石本人の性質ではなく、実は中国国民党そのものの体質であったことに注意しなくてはいけない。中国国民党の近代革命そのものが、外国への依存によって志向されていた。たとえば黄文雄《こうぶんゆう》氏はこう記している。

孫文《そんぶん》の革命運動史をみると、革命を志した最初から死に至るまで、もっとも基本的な発想は、ほとんど「他力本願」の域から脱していなかった。はじめ日、米、欧の同情者に支援を求め、最後はソ連政府の援助に頼った。エドガー・スノーの『目覚めの旅』によれば、宋慶齢《そうけいれい》の話では、孫文は中国の開発を実現するために、ロンドン、ワシントン、パリに何度となく援助を要請した。だがいつも侮辱され、失われ、拒否された。

（黄文雄『蔣介石神話の嘘』）

孫文の死去直前に、神戸で行なった「大アジア主義演説」という有名なスピーチがある。日本の近代化を賞賛し、中国の停滞を非難した名演説とよく称されるが、しかしこの演説をよく読むと、この演説は日本への決別と、ソ連へのリップサービスのメッセージがこめられた、あまりにも独善的なスピーチといわなければならない。

孫文は欧州世界の覇道《はどう》とアジア世界の王道を単純にブツ切りにして対立概念とし、覇道に傾斜しつつある日本に警鐘を鳴らし、ソ連がヨーロッパ世界ではじめての王道を達成したと絶讃している。

しかし国民党の内実は、すでにジャコバン党も顔負けの血みどろの内部闘争が激化し、ヨーロッパ的覇道の極限のような闘争状態に孫文も進んで巻き込まれていた。それを棚にあげて、日本に覇道への傾斜を警告するというのは、たいへんな厚かましさである。

そして何より、収容所国家化を進めていたソ連を「王道」などというのは、単に新しい依存対象を欲する国民党のためのおべっかにすぎない。だがこの孫文の精神は、まるごと蔣介石に引き継がれたのである。

たとえば大正十四年（一九二五）の孫文の死後、汪兆銘《おうちょうめい》とともに国民党幹部に上り詰め、軍事方面の指導権限を把握した頃の蔣介石は、孫文の遺志をついでソ連から多額の軍事支援を受けて北伐を開始、チェレパノフらソ連軍からの軍事顧問団を政府に引き入れ、意思決定に参加させていた。

のちにナチスドイツやアメリカの軍事援助や軍事顧問団を受け入れるように、この時期の蔣介石は、李敖《りごう》など著名な蔣介石研究家の多くが指摘するように、スターリンやコミンテルンと親密だったのである。驚くなかれ、孫文の死後まもなく、蔣介石は国民党をコミンテルンに指導してもらえるように、スターリンに依頼している。国内的には共産主義弾圧を徹底していたこの時期の蔣介石と、ソ連の蜜月は、矛盾しているようにも思われるが、国民党的な対外依存体質と蔣介石の国内政策は別個のものとして進行しており、ソ連もそれを充分認めていて蔣介石と提携していたのである。

革命も政治の一種であるから、革命の進行に際して、その革命思想と相容《あいい》れないような支配体制の国であっても、その影響なり支援がまったくないということはありえない。しかし革命政権や革命軍の意思決定そのものが、特定の外国の軍事顧問団の意見に左右されて進行するような革命は、はたして国民の歴史的財産になるのだろうか。しかもそれが介入的になされるのではなく、革命の側が必要として、招聘《しょうへい》するという形でなされるのである。

蔣介石とソ連との蜜月は、その後もずっと継続する。これはソ連側からのアプローチも強く、スターリンは第二次世界大戦終了まで蔣介石政権を唯一の中国政権として認め、西安事件でも蔣介石の処刑反対を中国共産党に指示したほどであった。

しかし蔣介石の「依存」心は、ソ連側の好意に反し、次第にソ連からは離れていった。ソ連軍事顧問団の過剰な介入が、蔣介石のプライドに合致しなかったからである。ソ連に替わる依存対象をさがすことが、蔣介石の政治目標になりつつあった。

蔣介石は非常に自尊心の強い人間で、上下関係や利害関係を無視して感情的になることが多く、孫文や側近は、蔣介石のそういう性格をよく知っていて、あえてそれを刺激しないように神経質なまでに配慮していたという（保阪正康『蔣介石』など）。外国の軍事顧問団との関係では、この蔣介石の性格が大きく災いしたわけである。

蔣介石と辻政信にみる共通項

こうして昭和二年（一九二七）、蔣介石は日本を訪問、ソ連に替わる新たな依存対象としての日本取り込みが開始されることになった。日本国内の善意のアジア主義者の多くが蔣介石贔屓《びいき》になったのはこのときで、マスコミなどでも、蔣介石や亡き孫文の親日主義者ぶりが神話的なほどに強調されることになった。

このブームの中で、蔣介石や孫文が、ソ連に強烈に依存していた事実は、なぜか不問に付された。しかしこうした民間の動きとは別に、慎重な日本政府は、ソ連やのちのドイツ、アメリカの轍《てつ》を、すぐに踏もうとはしなかった。蔣介石は日本から大規模な援助を引き出せないことを感じると、たちまちドイツや英米諸国にその目を転じていく。蔣介石はさっさと「親日派」の演技をやめてしまったのである。

悲劇的なのは、このときに蔣介石贔屓になった日本人であった。それを示すエピソードの一つとして、日本陸軍を代表する親国民党派だった松井石根《まついいわね》が、昭和十一年（一九三六）、九年ぶりに蔣介石に会ったとき、見間違えるほどに日本人に冷淡になっていたその態度に、衝撃を受けたという話がある（早坂隆《はやさかたかし》『松井石根と南京事件の真実』）。「親日」も「反日」も、蔣介石の依存の仮面にすぎないということを、松井たち善良な日本人は、ほとんど見抜くことはできなかったのだ。

だが、昭和十九年という段階になって、アメリカに見限られたと感じた蔣介石は、この政治的パターンを、今一度、日本に向けるという策謀が、自分に残されていることに気づく。蔣介石という人物は、日本を利用対象としてしか考えず、利用するときは手段を選ぶことなく、そのときだけは「親友」になろうとする、日本にまとわりつく、おそるべき悪友というべき存在なのである。

依存対象をくるくると替え、そして依存対象を利用しつくして延命をはかるということの蔣介石の政治的パターンによく似た人物はいないだろうか。実はそれは辻政信なのである。東條英機と石原莞爾という、対立する両者に巧みに依存しながら、自分のポジションを強く確保し、生き残りをはかっていく。やがてその対象は蔣介石になり、GHQや中国共産党でさえも依存対象にしようとする。この似たものどうしが出会い、ついにはお互い依存しあい利用しあい、ある瞬間から一緒になって日本に襲いかかるという、まるで核融合のようなおそろしい歴史の段階が、やがてやってくる。

バンコクで迎えた終戦と、逃避行のはじまり

すでに述べたように、辻は終戦をタイのバンコクで迎えている。終戦時の役職は第十八方面軍参謀であった。

同じ時期、陸軍報道部員としてバンコクに滞在していた吉村公三郎《よしむらこうざぶろう》（戦後、映画監督として活躍）の証言によると、辻が日本政府のポツダム宣言受諾の意向を知ったのは、八月十日の夜らしい。翌日、辻はサイゴンに飛び、知己であるサイゴンの第三十八軍の林秀澄《はやしひでずみ》大佐と今後について深夜まで談じあっている。

この林大佐との話し合いの中で、辻は「これからの東亜の盟主は、蔣介石でしょうか？」と尋ねている。林大佐がそんなことを言う辻に向かって「そうなんだよ。しかし蔣介石には毛沢東《もうたくとう》という毛虱《けじらみ》がついているからな。蔣介石の反共作戦を支援すべきだ」と言い、「ところで辻、君は重慶（筆者注：国民党政府）に行く気はないか？」と尋ねると、

「はい、自分は重慶に行くつもりです」と、辻はあっさり答える（田々宮英太郎・前掲書）。

終戦のときには無数の軍人が精神的な衝撃を受け、精神錯乱や自殺をしたものが大勢いた。しかし辻政信は旧軍人の中で、最も早く精神的衝撃から回復した軍人、というよりも、何一つ内面的な衝撃を受けなかった唯一の軍人だったのかもしれない。何しろ、八月十五日の玉音放送より前に、自分の身の振り方を決意しているのである。ノモンハンをはじめとするさまざまな戦場で捕虜生還者に「恥を知れ」とばかりに自決強要や暴行を行なってきた辻が、敗戦を知るや否《いな》や、何の恥じらいもためらいもなく、逃亡計画に頭を使いはじめたのだ。

実に謎めいているのは、八月十一日というこのきわめて早い段階で、すでに「蔣介石」が逃げ先として挙げられていることである。林大佐はその場の思いつきで「蔣介石」の名前を出したにすぎない。しかし辻の気持ちは、林大佐の言葉を聞くまでもなく、すでに決まっていたような話しぶりである。

サイゴンから帰った辻の行動の素早さは、バンコクに滞在していた大日本仏教会の邦人留学僧の佐々木教悟《ささききようご》が八月十三日に辻のもとに呼び出され、偽僧侶となる方法を詳しく尋ねられていることでわかる。

ポツダム宣言受諾からまもなく、タイ・ビルマ国境付近にまで接近しているイギリス軍がバンコクにやってくるであろう。辻に関してイギリス軍は、中国軍やアメリカ軍よりも徹底した憎悪を抱いていた。シンガポールでの華僑虐殺や、バターンでの捕虜虐殺未遂など、辻が犯した戦争犯罪をイギリス軍が追及しようとしていたのはもちろんだが、イギリス側が辻を憎んでいた最大の理由は、ビルマ戦線で行なったイギリス軍捕虜の人肉試食事件であった。

辻のイギリス軍捕虜の人肉試食事件については、辻とは長い間の知己であった片倉衷《かたくらただし》少将などの、戦後の証言がある。片倉少将は、関東軍やビルマ戦線で活躍し、関東軍勤務時代は一時期「満州の王様」とまで言われた陸軍統帥派の大物であった。片倉によれば、辻は自分で人肉を試食しただけでなく、「気合を入れるために」部下の何人かにも無理やり食させ、そのことを苦にしたある少尉などは、戦後、割腹自殺したという。

この事件のことで復讐に燃えるイギリス軍が、辻をBC級戦犯容疑者の筆頭に挙げて捜索するのは必至であった。まず、イギリス軍の追及をかわすことが、辻にとって迫りつつある課題である。事実、東南アジア方面連合軍総司令官のマウントバッテン・イギリス軍元帥は、日本のポツダム宣言受諾と同時に「辻参謀を草の根を分けても捜せ」という命令を発している。

辻はまずいったん僧侶に変装してタイ国内に潜伏し、イギリス軍の様子を見ながらタイを脱け出そうと考えていた。タイでは僧侶の身分であれば、たとえ日本人であれ安全が保障されるからである。翌十四日には辻は軍司令部に出向き、第十八方面軍司令官・中村明人《なかむらあけと》中将と参謀長・花谷正《はなやただし》中将と謀議して、辻自身の偽の死亡報告が提出される。辻はさらにその日のうちに、学徒出身の見習士官の中から、僧侶の資格を持った七人の青年を選出し、自身の潜伏を護衛する部隊を結成している。

こうして辻と七人の青年僧侶は、アジア全土が悲喜こもごもさまざまな感慨にくれる八月十五日の夜にバンコクの司令部を出発、潜伏先であるメナム川河畔の日本人納骨堂に向かって出発したのである。

辻たち偽僧侶の潜伏は、しばらくの間はうまく進行したようにみえた。九月に入り、イギリス軍がバンコクに進駐してきて、予期していた通り、ただちに辻の捜索を開始する。

イギリス軍は辻の死亡報告をまったく信じていなかった。心配した日本軍関係者は、ときどき辻のところを密《ひそ》かに訪問して、日本軍がまだ力を使えるうちに、比較的安全で本国にも近いベトナム方面に逃げることをすすめる。しかし辻はこのすすめにまったく応じなかった。辻の目指す「祖国」は、すでに日本ではなく、あくまで重慶の国民党政府だったからである。辻にしてみれば、いかにイギリス軍の隙《すき》をついて、蔣介石のもとに逃げ込むかが目的なのだった。

重慶藍衣社《らんい》との不自然な接触

十月に入るとイギリス軍の戦犯調査はきわめて厳しいものになり、僧侶といえども一斉に監禁尋問するという通達が出された。そこで辻は、バンコクの重慶藍衣社《らんい》に接近をはかった。

重慶藍衣社とは、華僑により組織されている中国国民党版ゲシュタポのような秘密警察組織で、日本軍の占領下にあったアジアの各都市にも秘密裏に支部を置き、情報収集や要人暗殺を生業《なりわい》としていた。イギリス軍の一斉検挙の直前、辻はバンコクの重慶藍衣社の在《あ》り処《か》をつきとめ接触することに成功する。

辻はバンコクの藍衣社の代表に、自分の本当の身の上を説明し、重慶に赴き、蔣介石と会い、日中合作の手助けをしたい旨を伝える。戦後の辻自身の著作や、辻に関しての評伝では、このとき、藍衣社の青年幹部が辻の日中合作の話を聞いて感動し、重慶行きをすぐに承諾、全面的支援を約束し、二人のボディガードまで辻につけたということになっている。

しかしこの藍衣社の辻への厚遇の物語は、きわめて不可解なものと言わざるをえない。藍衣社は、政治的謀略や外国要人の暗殺を平然と行なってきた血も涙もない秘密結社である。いきなり飛び込んできた僧装の日本人の話をすぐに信用し、感動したりすることがありうるだろうか。平和国家の呑気《のんき》な警察でさえ、こんな来訪者をいきなり信用するなどということはないだろう。

そして後述するように、辻は昭和十七年（一九四二）のシンガポール華僑大量殺害事件の最大の容疑者として、アジア戦線全域の敵味方によく知られていた。藍衣社は国民党組織であると同時に華僑組織であり、当然、辻のこの華僑に対する戦争犯罪容疑を熟知しており、イギリス軍以上に辻のことを激しく憎悪していたはずだ。辻は終戦と同時に、華僑にリンチされたとしてもおかしくないほどの存在なのである。突如やってきた、その憎んであまりある辻の「逃走」を、華僑組織がいきなり全面的に協力するということは、あまりに不自然ではないだろうか。

そしてそもそも、もし辻の身元をバンコクの藍衣社が確認できたとしても、いったい、辻ほどの大物を、藍衣社の一支部の独断で、はたして最高主席の蔣介石のもとに送ることをよしとするというような決定ができるものであろうか。辻への中国側の単独協力は、イギリス、さらにその背後にあるアメリカを怒らせる可能性が大であり、国際的問題につながりかねない話である。

こう考えてみると、辻の重慶行きは、少なくともバンコクの藍衣社の独断などではなく、実はなんらかの形で、事前に辻と重慶の蔣介石政権との間で、直接のやりとりがあったと考えるのが自然ではないかと思う。だとすれば問題は、この直接やりとりが、そのときに初めてあったのか、それともそれ以前から交《か》わされていたのか、ということであろう。

バンコクの藍衣社の保護下に入った辻は、念のため、ここでもう一度僧侶としての自分の自殺を偽装している。辻という人間は猪突猛進の塊のようにみえて、実に細かいところまで用意万端を怠らない神経質な人間でもあるのだ。辻は八月十五日以降、「青木憲信」という偽名を名乗っていたが、この青木憲信の名での各方面への遺書を作成、さらに用意周到にも彼につき従う七人の部下の僧侶たちと謀《はか》り、通夜まで営ませている。バンコクを脱出したのは、十一月一日であった。

今度は一華僑に変装した辻は、藍衣社のネットワークに護られながら、ハノイを経由し、翌昭和二十一年（一九四六）三月に、重慶の蔣介石政権のもとに辿り着く。

バンコクから重慶までの逃避行についても、あちらこちらで謎が感じられる。たとえばハノイに三カ月滞在したというのも非常に不自然である。自著で辻は、ハノイで国民党や藍衣社の幹部と接触しつつ、重慶入りの許可を待っていたように書いているが、当時のハノイは、日本軍が撤退したのち、国民党勢力とベトナム共産党勢力、それに加えてフランス勢力の三つ巴《どもえ》の混乱状態が現出する最中であった。この長期滞在の間に、辻が国民党のための何らかの情報活動・情報工作を行なったのではないかという疑いを持つのは、不自然ではないだろう。しかしこのことを指摘した戦後の史家はなぜかまったくいないのである。

ルーズベルトに見限られた蔣介石の焦躁

一方、辻がその懐《ふところ》に飛び込もうとした蔣介石の方は、どんな終戦の時間を迎えていたのであろうか？

話はルーズベルトの電報に号泣した昭和十九年九月に戻る。その号泣の瞬間から連合国の間で、狸（ルーズベルト）と狐（蔣介石）の世紀の化かし合いが始まった。まず蔣介石はいま一度、ルーズベルトを頼る振りを必死にしてみせた。

なんと彼は、今回の件はすべて、中国軍の弱さをでっちあげて中国軍を乗っ取ろうとしたスティルウェルの陰謀だと、ルーズベルトに訴えたのである。まるで児戯《じぎ》にひとしい行為に見えるが、この蔣介石の行動は、ある種の「時間稼ぎ」が狙いだったのではないかと思われる。蔣介石がアメリカから離反したあと、中国国民党のための次の依存対象をたしかにするためには、少々の時間が必要になる。そのための時間稼ぎということだったのであろう。

もちろんルーズベルトの側は、スティルウェルの側に何の落ち度もないことを把握していた。しかし、ここで意外にもルーズベルトは、蔣介石の虚偽の訴えを認めて、大陸打通作戦での後退戦を指揮していたスティルウェルを、同年十月に解任する。

しかしこれは、蔣介石をいったん安心させるためのルーズベルトの策にすぎなかった。まもなくルーズベルトは、ほとんど最大ともいえる恥辱を蔣介石に与えることになる。翌昭和二十年（一九四五）二月のヤルタでの連合国首脳会談に、中国首脳（蔣介石）を招致しなかったばかりか、蔣介石に何の相談もなしに、ソ連の対日参戦と、中国北部でのソ連の優越的地位を保証することを、このヤルタ会談で決定してしまった。これはもはや、蔣介石率いる中国が連合国として完全に失格の烙印《らくいん》を押されたことを意味していた。

だが私の考えでは、蔣介石の悪辣ぶりは、ルーズベルトより一枚上手であったというべきであろう。もはや蔣介石は泣かないのだ。半ば予期されたアメリカからのこの屈辱的行動に対し、蔣介石はすでに自らの策謀を開始していた。アメリカはもはや頼りにならないのは明らかである。そして中国は連合国グループから実質的に離脱しつつあって、もはや遠慮する必要などない。では、どこの国を新たに頼りにすべきか。

こうして蔣介石が思いついた新しい依存対象は、敗戦寸前に追いやられていた敵国の日本なのであった。敗れかけている「敵国」と同盟するのである。蔣介石はここにおいて親日主義者への演技を始めたのである。蔣介石が「親日」になったのは、これで二度目とい

昭和20年（1945）2月、連合国軍首脳はクリミア半島のヤルタに集まり、大戦後の国際秩序の枠組みについて密談したが、蔣介石には声がかからなかった。蔣介石と中華民国にとって、これほどの屈辱はなかった。
写真提供／毎日新聞社

うことになる。蒋介石の遠大な野望とは、この二度目の日本取り込み策ということだったのである。

まず、ヤルタ会談から約一カ月後の昭和二十年三月、蒋介石は日本に対して政治行動を起こす。汪兆銘《おうちょうめい》政権幹部でありながら、密かに蒋介石とも連絡を取りあっていたと自称する繆斌《みょうひん》を使った和平工作がこれである。繆は空襲が激化していた東京にやってきた。

繆が、はたして本当に蒋介石の使者であったかどうかについては、中国政府も台湾政府も情報を開示していないが、劉傑《りゅうけつ》氏ら、歴史研究者の多くは、彼が蒋介石の密書を携《たずさ》えた人物であったことは間違いないとしている。たとえば繆は「自分が東京に滞在中、東京空襲は行なわれないでしょう」という奇妙な発言をしているが、その通り、彼の滞在中、東京に空襲はなかったという奇怪な事実もある。そして彼は戦後すぐ、ほとんど容疑らしい容疑もなしに蒋介石に処刑されてしまったが、これは繆が東京裁判の証人に呼ばれることを恐れた蒋介石による、口封じの可能性が高い。

この繆斌工作は、首相・小磯国昭《こいそくにあき》と陸海軍、皇族の東久邇宮稔彦王《ひがしくにのみやなるひこおう》などの賛成を取り付けるところまで話が進展したが、繆の正体を疑った外相・重光葵《しげみつまもる》と昭和天皇の反対により、結局、失敗してしまう。日本側としては連合国側との最後の講和の可能性を失ってしまったのであるが、しかし蔣介石の「親日」政策による日本の取り込みは、敗戦を転がり落ちていく日本の苦境を逆利用する形でさらに進んでいく。

こうして、大陸打通作戦以降の蔣介石のこの「親日」策略の極点ともいうべき段階が、昭和二十年八月の日本の降伏の際にやってくるのである。

日本人を籠絡した「以徳報怨《いとくほうえん》」演説

昭和二十年八月十五日の「終戦」は、蔣介石にとって「勝利の瞬間」を意味するものでも何でもなかった。アメリカからはすでに連合国失格の烙印を押され、国内では中国共産党の擡頭《たいとう》が懸念され、北方ではソビエトの進出も急展開していた。実は蔣介石政権は、敗戦日本よりずっと苦しい状況にあったといってもよい。

だが大部分の日本人は蔣介石の苦境に気づくことなく、彼の「親日」策にまんまとはまってしまう。これこそが蔣介石の「以徳報怨《いとくほうえん》」演説と、その精神的政策だったのである。

たとえば、中国大陸で終戦を迎えた瀬戸内寂聴《せとうちじやくちよう》氏の次のような文章を挙げてみよう。

ある朝、こっそり門をあけて見ると、目の前の慰安所だった家の壁に、赤い紙がべたべた貼ってあった。「報仇報恩《ほうきゅうほうおん》」という漢字が並んでいるのだ。こんな文化の根の深い国とよくも戦ってきたものだと思った。

（『人が好き』）

敗戦後、私はどれだけ多くの中国人の朋友たちから、思いがけない親切を受け、心からの助けを受けたかしれない。日本人が中国人に対して目にあまる横暴をほしいままにしている光景を、連日目にしていた私は、敗戦後、日本人は皆殺しにされるだろうと思っていたのに、弱者になった私たち一家に示してくれた彼等の深い親切に対してどれほど感謝しても足りない気がする。

（『寂聴中国再訪』）

瀬戸内氏をはじめ、蔣介石の「以徳報怨」に感動した日本人は非常に多く、蔣介石を道徳的人間と称える人間は政治家や旧軍人にもいまだに少なくない。だが蔣介石は道徳的行為としてそれをしたのではまったくなく、自らが招いた大戦後半での政治的立場の瓦解の流れの中で、苦し紛れに採用した親日政策の徹底したものとしてそれを為したにすぎない、ということは、すでに明らかにできたのではないかと思う。

しかも蔣介石は、終戦というこの機会をとらえての「赦《ゆる》す」という行為によって、あたかも「赦すべき事実」があるかのような錯誤の存在を可能にした。「赦す」とはある意味で、最も偽善的な行為なのかもしれない。それまでの長きにわたる彼の徹底した反日宣伝政策のすべてを成功させるという謀略をも、同時に達成させてしまったのである。

CIA文書が暴露したスパイ・辻政信

このような、なりふりかまわぬ日本抱き込み策に奔走する蔣介石のもとに辿り着いた辻は、この「以徳報怨」策により蔣介石に赦され、そののち中国国民党国防部への勤務を蔣介石に命じられ、対中国共産党作戦計画に従事した、と自著『潜行三千里』で語っている。また「日本の敗戦軍人で正式に中国国防部にその職員として入ったのは、恐らく私が初めてであろう」「東亜の前途を思うとき、今は日本に用のなくなった罪の身を、しばし友邦の恩義に報いるのも無駄ではあるまい」などと得意気に記す。

この辻の蔣介石賛美は、瀬戸内氏ら一般人よりも徹底していて、「誠に僭越《せんえつ》でございますが、之は決して私一人の小さい力ではなく、神の導きにより、委員長閣下（筆者注：蔣介石）に直接お目にかかり、陛下の大御心を直接申上げ、以て中日百年親善合作の第一歩を開くべき使命を与えられたものと信じています」（『潜行三千里』）という、なんとも仰々《ぎようぎよう》しい表現の手紙を蔣介石に送ったりしている。そののち辻は、重慶から南京の遷都に際しても、国民党幹部として蔣介石に同行した。

しかし国共内戦の激化、国民党軍の劣勢の中で、立場の悪化を感じた辻は、昭和二十三年（一九四八）五月に中国人を装い、極秘に帰国、そののちサンフランシスコ講和条約発効による戦犯指定解除まで国内の各所に潜伏した、というふうに『潜行三千里』において記述する。国民党幹部の腐敗ぶりに相容れないものを感じたことも、国民党から離れた理由だとしている。

この時期の辻の足跡に関しては、従来の評伝研究も、ほぼ辻の説明に従っていた。重慶から南京、そして南京から日本国内への潜伏という『潜行三千里』のこの間の展開は、実にドラマティックで、「小説よりも奇なり」を地でいく冒険場面の連続である。

しかし、辻のこの冒険談の内容のほとんどが虚構であったことが、平成十七年（二〇〇五）に公開されたＣＩＡの辻政信に関する極秘調査ファイルによって明らかになった（有《あり》馬哲夫《まてつお》『大本営参謀は戦後何と戦ったか』）。

ＣＩＡは、対日占領に際して、その運営のために必要とされる人物、要注意と思われる人物の実体について、膨大な調査ファイルを作成していた。吉田茂《よしだしげる》や岸信介、緒方竹虎《おがたたけとら》や重光葵《しげみつまもる》のような政府要人はもちろんのこと、児玉誉士夫《こだまよしお》や笹川良一《ささがわりょういち》のようなフィクサー的人物などについても、ＣＩＡはその裏の顔を徹底的に調べ上げていた。そして辻に関しても、ＣＩＡは調査ファイルを作成していた。

有馬氏によると、このＣＩＡ調査ファイルは、アメリカのメリーランド州カレッジパークにあるアメリカ国立第二公文書館において公開された「ナチス戦争犯罪、日本帝国政府公開法に基づく第二次公開資料１９４６—２００３」の中にある。この文書は公開前はＣＩＡに保管されていたもので、この膨大な文書の中に、辻政信に関しての調査ファイルも存在していたのである。

それによると、まず辻は、自分が国民党の国防部に勤務し、国共内戦の作戦立案に活躍したかのように語っているが、実際は辻は蒋介石の諜報ネットワークの作成という目的のために中国国民党に雇われたのだった。そしてその後の日本への辻の帰国も、国民党の諜報作戦指令によるものであった。つまり、辻は蒋介石によって日本に送り込まれた諜報部員だったのである。これは近代史の重大な書き換えを意味する衝撃的な新事実だった。自著『潜行三千里』では、命からがらのサバイバルのように語っている国内潜伏も、その身分は国民党の諜報員でありGHQもそれを把握していたので、必ずしも危険なものではなかったということになる。

さらにこのCIAファイルは、この国内潜伏期間の昭和二十五年（一九五〇）に辻が、蔣介石の指示で一度、インドシナ方面へ国民党の政治工作に渡航したという驚くべき事実をも伝えている。国共内戦で劣勢にたたされていた国民党軍は国外のインドシナ方面に撤退しつつあったのだが、辻はこの劣勢の国民党軍支援のためにインドシナに渡ったらしい。

まんまと成功した蔣介石の日本抱きこみ工作

辻へのこうしたかかわり方にみられるように、蔣介石の日本抱き込み策は、終戦の瞬間の「以徳報怨」策によって精神的な支配を可能にしたのち、旧日本陸軍軍人を中心に混乱状態の日本に諜報網をつくりあげ、あわよくば潜在的な支配体制を日本においてつくる方策へと転じていったことがわかる。

たとえば、このCIA機密文書の公開によって、吉田茂の政治顧問で戦後自衛隊建設計画のプランナーであった辰巳栄一《たつみえいいち》も、この蔣介石の政策によって生かされ、情報部員として日本に送り込まれた人物であることが判明している。終戦時、中国戦線、第三師団長という要職にありながら、例によって戦犯指定を「以徳報怨」によって「赦された」辰巳は、帰国して吉田茂やGHQの下で活躍したことでよく知られているが、当然彼はそうした行動の中で、中国国民党と密接に連絡を取りあっていたのである。

つまり、戦後日本政治の中枢の情報は、蔣介石にダダ漏れになるようにネットワーク化されていたのだった。蔣介石に潜在的に支配されていたといってもよいかもしれない。いずれにしても「蔣介石のおかげで戦後日本が東西に分裂しなかった」という類の「蔣介石は日本の恩人」話がまったくの見当違いであることは明らかであろう。

岡村寧次《おかむらやすじ》や服部卓四郎なども、中国で終戦を迎え、不思議な赦され方をして帰国したが、彼らもまた、すなわち蔣介石のスパイ網を形成した面々であった。こうした蔣介石の対日スパイ網は、国共内戦の劣勢の中で次第に弱体化していくのであるが、しかし蔣介石が、日本抱き込みを通り越して、日本を潜在的に支配下におこうとしていたという事実そのものが非常に重要であるように思う。しかもそれは、蔣介石がほんの少し前まで憎悪の対象として中国国民に宣伝していた旧日本軍人によって行なわれたのである。

しかしこうした蔣介石の旧日本軍へのしたたかな策謀の中で、辻に関しての蔣介石の工作には、不可解な要素をいくつも見出すことができる。辰巳や岡村といった面々は、終戦のそのときから、蔣介石に見出され、使われる身になった。しかし辻と蔣介石の間には、それ以前、戦時中から、敵味方を通り越した妙な蜜月関係が形成されていた節がある。すなわち、辻と蔣介石は、終戦以前から通じあっていたのではないかとの疑念を感じさせる事実がたくさんある。このことはCIA文書にも書かれていない。

戦闘のさなか、辻が蔣介石に送った手紙

たとえば辻が昭和十九年（一九四四）十一月、ビルマの第三十三軍参謀として作戦指揮をしていたとき、こんな話がある。

インパール作戦から撤退しつつある日本軍の前には、イギリス軍に加えて、雲南《うんなん》方面から中国国民党軍も多数出現し、日本軍はラモー（拉孟）、その他の要所で次々と玉砕する。しかし、日本軍の激しい抵抗の前にイギリス軍や中国軍の損害も甚大で、ビルマ方面はすさまじい戦いの場になっていた。

その激戦の最中、辻は雲南方面の中国軍を直々激励指揮している蔣介石に、こんな個人的親書を送るという事件があった（文中の「閣下」とは、雲南方面軍の中国軍司令官の衛立煌大将、「主席」とは蔣介石のこと）。

……私は一介の参謀にすぎず、直接蔣主席に手紙を差し上げる身分ではないが、曾《かつ》て南京在勤中、三笠宮殿下及び畑元帥の代理として蔣母を祀《まつ》ったときの写真八葉を筐底《きょうてい》に保存していたが、この激烈な戦場ではいつ果てるともしれない境遇にある。聞くところによれば主席の孝心は特に深いと、茲《ここ》に芒市撤退に当《あた》り謹んでこの写真を送上到度《いたしたく》、何卒《なにとぞ》閣下より主席に御転送をお願いします。（自著『十五対一』）

ここで辻が述べている「蔣母を祀ったとき」というのは、前年の昭和十八年（一九四三）十一月、辻が支那派遣軍第三課長だったときに、蔣介石の故郷の浙江省《せっこう》（日本軍の占領地域）で蔣の亡母の墓前祭・法要を行なったことを指している。蔣介石の母、王采玉はこの地で大正十年（一九二一）に亡くなった。この墓前祭・法要は、発案が三笠宮崇仁《みかさのみやたかひと》殿下と辻の共同だったという説もあるが、儀式全体は、辻が取り仕切って行なわれたものとして知られている。

この儀式はたいへんな規模でのイベントだった。十一月二十五日に行なわれた浙江省奉《ほう》化《か》県渓口鎮での墓前祭、法要に加え、前日の二十四日には、寧波《ニンポー》において、日中戦没者の慰霊祭も行なわれているのである。

辻は自著で、蔣介石がこの法要を伝え聞いて涙ながらに感動したに違いない、と自慢している。しかし、戦時下あるいはそれに近いときに亡くなったのならともかく、二〇年以上も前に亡くなった戦争相手の主席の亡母の法要を、日本軍の一大行事として行なうというのは、武士道精神に基づく美的行為というには、あまりにも不自然である。それよりも、勝者になりつつある相手側＝蔣介石に媚《こび》を売る政治目的の匂いが漂う。

そして辻はその一年後、激戦地のビルマから蔣介石に、そのときの法要について認《したた》めた手紙と写真を送ったわけである。辻に関しての研究家である田々宮英太郎《たたみやえいたろう》氏は、この親書事件について、「それにしても、『一介の参謀』が、これほどにも放胆な言動をやってのけるところ、全陸軍を通じても、およそ類を見ないであろう」とあきれているが、私は辻が単なる強い自己顕示欲でこうした行動を取ったと片付けるべきではないと感じる。この蔣介石の亡母の法要、激戦地よりの親書は、冷静に計算された辻の個人的目的によるものではないだろうか。

謎に満ちた日中和平工作案

疑わしい二人の蜜月の例は他にもある。蔣介石の亡母の法要をしてからまもなくの昭和十九年（一九四四）二月、辻は突然、空路上京して首相の東條に、単身、重慶の蔣介石政府に乗り込み、和平交渉をしたいと言い出した。勤務する支那派遣軍総司令部に対しても辻は同じ提案をしたのだが、ただのハッタリ発言と見なされ相手にされなかったので、かねてから辻に親近感を持つ東條に、直接申し出に来たのである。

戦局の悪化に苦しむ東條は辻の進言を真《ま》に受けて天皇に上奏したが、東條を除く政府・軍首脳のほとんど全員が「いったい、何の方針もなく重慶政府に、しかも一参謀にすぎない辻が乗り込んで何の意味があるのか？」と一斉に反論、辻の重慶乗り込み計画はまたたくまに潰されてしまった。実際は、反論というより、あきれ果てて問題にもされなかったというのが事実のようである。

しかし、まさに何の方針もなく重慶政府に飛び込むという無謀なこの辻の話にこそ、辻がすでにこの段階で、自らの内なる「東亜の盟主」を蔣介石に切り替えていて、蔣介石の側もそれを承知していたことを意味するのではないだろうか？

もしこの辻の和平工作が、仮に政府と軍首脳の同意を得て、辻が白紙委任で蔣介石のもとに送られたとしても、日中間に和平が成立した可能性は現実的にゼロであろう。そして辻は蔣介石の下にいったんは軟禁されるに違いない。しかし辻がはたして蔣介石に処刑されるかといえば、それはなかったと推測するべきである。

蔣介石の亡母の法要をしたことで名をあげたばかりの辻を処刑することは、内外への評判からして蔣介石には難しいからである。そればかりか、日本軍の全体に精通した辻は「一足早く」蔣介石に秘密裏《り》につかわれるようになった可能性がある。辻はこれらのことをすべて計算して、「自分のために」この和平工作の進言という大立ち回りをやってみせたのではないかと私は推理する。

つまり辻は蔣介石の亡母の墓前祭ということは、すでに帰参する予定だった蔣介石への計算されつくした「手土産」だったのではないのだろうか。そして辻は、すでに敗色の濃い日本軍と日本国家に見切りをつけ、蔣介石を新たな盟主として崇《あが》め奉っていたのではないだろうか。

蔣介石が最も欲しがっているものを用意した辻

このように、辻と蔣介石の間柄が、少なくとも他の「赦された軍人たち」とはかなり異なるものだということは明らかだが、もし辻が戦時下、本当に早々と蔣介石のもとへ帰参することを決意し、何らかの形で蔣介石とも通じていたとすると、辻の「手土産」は、はたして亡母の墓前祭というような平和的なものだけだったのだろうか。

蔣介石に負けず劣らず用意周到な辻は、蔣介石がいったい何を一番欲しいかを、最も心得ていたはずである。

蔣介石が戦争全体を通じて一番欲していたもの、それは中国の国内戦線各地において、自らが指揮する諜報機関の総力をもって虚構しようとした「日本＝ジェノサイド（大量虐殺）国家」であるという物語を全世界に信じ込ませることに他ならなかった。蔣介石のこの謀略は、その当時の世界にあって、かなり不完全な形であるが、成功を収めてしまったといえる。

今日、中国共産党が展開している「日本＝ジェノサイド国家」という宣伝工作の大半は、共産党のオリジナルではなく、国民党がかつて徹底して行なった宣伝工作の受け売りに他ならない。もちろん、事実の問題からすれば、日本はナチスドイツのような計画的ジェノサイド国家ではまったくなかった。

しかし、その日本にあって、たった一人、例外的行動をなして、蔣介石の意図の通りに、日本に「ジェノサイド国家」の汚名をあえて着せようとした人物がいたのである。その人物こそが辻政信なのである。

シンガポール華僑虐殺事件の真相

ここで、辻が大東亜戦争で犯した戦争犯罪の問題を挙げることにしよう。まずシンガポール華僑虐殺事件についてである。このときの辻の身分はといえば、マレー、シンガポール侵攻の主力部隊であった第二十五軍参謀であった。

ちなみに第二十五軍司令官は山下奉文《やましたともゆき》将軍であったが、山下将軍は辻の邪悪な性格を早くから見抜いており、辻の赴任後まもなくの山下の日記には「此《この》男、矢張《やは》り我意強く、小才に長じ、所謂《いわゆる》こすき男にして、国家の大事をなすに足らざる小人なり。使用上注意すべき男なり」という辛辣な人物評価が記されている。「こすい」「こすき」というのは、四国や九州の方言（山下は高知出身）で、ずるいとか悪質だとかという意味である。

犠牲者の数、そして事件の存在の有無《うむ》そのものについて激しい議論が続いている南京事件については、東中野《ひがしなかの》修道《しゅうどう》氏や藤岡信勝《ふじおかのぶかつ》氏らの調査、論考により、かつてのような日本軍有罪論や大量虐殺説は根拠を失いつつある。事件そのものは存在したとする説を唱える秦郁彦氏にしても、数十万人説は国民党のプロパガンダ工作だったということに関しては、同じ見解に立っている。

しかし、シンガポール華僑虐殺事件に関しては、南京事件とまったく趣きを異にする。

山下奉文将軍率いる第二十五軍がシンガポールを陥落させ、そこに立てこもっていたイギリス軍一〇万人以上を捕虜にしたのは昭和十七年（一九四二）二月十五日である。日本軍はこの輝かしい勝利にいたるまで、この方面に在住している華僑のゲリラ作戦に悩まされていた。そこでシンガポール陥落後ただちに、市内に潜伏している華僑ゲリラを摘発することを山下司令官は命令する。ところが、どの華僑がゲリラで、どの華僑がゲリラでないか、日本軍側は、ほとんど何も資料を持ちあわせていない。

結局、シンガポールに在住する華僑のうち、壮年男子にあたる約二〇万人全部に容疑者として出頭命令が出された。この出頭命令ののち、ゲリラとし即時処刑に値する「敵性華僑」であることの「基準」というのは、「反抗する者」「兵器を所持する者」「兵器を隠している者」「共産主義者」「国民党員」「食料を隠している者」などであった。もちろんこんな「基準」で、ゲリラが誰であるかわかるはずがない。にもかかわらず命令は強行された。つまり、関係のない一般市民の華僑多数が処刑されることになってしまった。

戦後の戦犯裁判で、華僑側は虐殺人数を四万人としたが、これは明らかに誇張で、裁判で検察側は六〇〇〇人を主張、裁判で起訴された警備司令官、河村参郎《かわむらさぶろう》少将は、五〇〇〇人前後だとした。現地で実際に作戦を指揮した将校の戦後での証言では、二〇〇〇人前後の説を唱えるものが多い。

いずれにしても、日本軍の度を越した掃討行為自体があったのは事実で、数千人単位での犠牲者が出たのは確かであろう。そしてこの華僑虐殺事件において最大の暗躍を見せたのが、シンガポール陥落後、市内に方面軍参謀として乗り込んだ辻であった。

この華僑虐殺を辻が主導したことについての証言は、無数といっていいほど存在する。そのいくつかを、挙げてみることにしよう。まず第二十五軍の参謀副長であった馬奈木敬信《まなきたかのぶ》少将の戦後の証言である。

「私は軍政部長を兼務していたので昭南（シンガポール）市長大達茂雄《おおだちしげお》（のち内相、

戦後、文相）に打ち合わせにいったのだが、『それどころじゃない、私はいま陰亡《おんぼう》の役目で、てんてこまいです。海岸へうち上げられている死体が毎日十数体、多いときは四、五十体もあって頭が痛いんです。窓から下を見てご覧なさい。百人くらいの華僑が列をなして、家族が帰ってこないという陳情です』と嘆いたもんです。それではじめて、華僑虐殺の事実を知ったんです。（中略）司令官（山下奉文）の命令は文書で出るのだが、河村司令官に出たとしても、昭南の治安確保に任ずべし、といった内容だと思う。軍政部長を兼ねていたせいか、そうした命令にも起案にも私は全くタッチしていない。警備司令部に派遣された辻参謀の独断で行なわれたものだと思う」

（田々宮英太郎・前掲書）

参謀副長だった馬奈木少将がまったく知らないということは、この華僑虐殺事件が軍首脳部が会議を開いた上で決定されたものではないということを意味している。第二十五軍の情報主任参謀だった杉田《すぎた》一次《いちじ》大佐（戦後、自衛隊統幕議長）の次の証言も重要である。

「華僑粛清の起案や実施については参謀部として、会議などは全然開かれなかった。

すべては特定の参謀によって秘密裡に行なわれたのだが、会議など開いていたら、あんな無茶な粛清などできるわけないですよ」（同前）

ここでいう「特定の参謀」が辻のことを指しているのは言うまでもない。極めつけは、戦後、マニラで処刑される直前の山下奉文将軍が、シンガポール華僑虐殺事件について、「あれは自分の意志に反し、辻参謀が手を下したようだ。辻参謀を探せばわかることだ。辻は実にこすい男だ」（生出寿『「政治家」辻政信の最後』）

と述べていることだ。

またシンガポールで検問をしていた分隊長の大西寛《おおにしひろし》中尉のところに辻が現われ、「何をぐずぐずしているんだ、もっと能率よくやらんか、俺はシンガポールの人口を半分に減らそうと思っているんだ。そのつもりでしっかりやれ！」

と怒鳴り飛ばしたという現場の証言も残っている。このように、シンガポール華僑虐殺が辻の独断によって行なわれたということは、軍内部によく知られたことだった。

イギリス軍は戦後、この事件の最大の責任者の辻政信参謀、そして山下奉文司令官、辻の活動の補助をした朝枝繁春《あさえだしげはる》参謀の三人を主犯として裁判にかけようとした。しかし山下はフィリピン方面軍司令官としての責任を追及されてアメリカ軍に逮捕されてマニラに抑留され、朝枝参謀はソ連軍に逮捕されてハバロフスクに抑留されていた（帰国後、商社経営で活躍し、平成十二年まで生存）。そして一番肝心の辻は、バンコクから重慶への逃避行で姿をくらましていた。イギリス軍は仕方なく、それほど責任があったとも思えない、河村参郎少将（シンガポール警備司令官）と、大石正幸《おおいしまさゆき》中佐（野戦憲兵隊長）の二人を、華僑虐殺の責任者として処刑したのである。

日本軍人にあるまじきジェノサイドの担い手というほかないが、辻のこうした姿は、中国の低級なプロパガンダ映画あたりに登場する「虐殺の担い手」としての日本軍人のイメージに、まさにぴったりくる人間であろう。

戦史家の多くは、辻のこの蛮行を、辻自身の精神的異常さに求めて説明している。たしかに、石原莞爾との出会いによって自身の「形而上学的プライド」を解放された後の辻の行動は、部下や交渉相手、自分の嫌うものへのテロリズムを何とも思わない人物のそれである。

しかし民間人へのテロに関しては、以前の辻はきわめて節度ある姿勢に徹していて、それまでの満州や中国戦線では、現地での不法行為に手を染めたことは一度もないことに注意すべきである。それどころか、昭和十五年（一九四〇）四月には、「派遣軍将校に告ぐ」として、支那派遣軍全体に、現地での民間人への不法行為を厳しく戒《いまし》める有名なパンフレットを作成して配布している。このパンフレットは、日本軍軍政下の一般外国人にたいへん歓迎された。そしてこのパンフレット配布は、辻の「悪魔的変貌」の後の出来事なのである。

辻政信という奇妙な禁欲家にとって民間人へのテロルは、女遊びのように生理的に許しがたい行為であったのだ。言い換えればこのシンガポール華僑虐殺事件は、辻の軍隊人生ではきわめて異例のことなのである。辻はいったいなぜ、このような行動を起こしたのであろうか。

バターンの米軍投降兵に対する偽の射殺命令

辻は、シンガポール華僑虐殺事件を惹《ひ》き起こしたすぐあとに、マレー方面軍（第二十五軍）参謀から参謀本部参謀に復帰し、東京に戻っている。だが翌月の三月には、大本営の命令でフィリピンに出張し、ここでもまたバターン事件に関係し、ジェノサイドまがいの行動を起こす。「まがい」というのは、この件は、シンガポールでの事件と違い、未遂に終わったからである。

戦後問題になった「バターン死の行進」とは、フィリピン・バターンで大量投降したアメリカ軍兵士が数十キロにわたる炎天下の行進を強制され、多数が死亡したという事件だが、それについては、

①日本軍が大量行進させた数万人のアメリカ軍捕虜は、長期間の籠城戦で、ほとんどがすでにマラリアその他の疾患に感染していたこと
②捕虜を護送する日本軍も一緒に歩いたが、日本軍兵の担《かつ》いでいた荷物の方がはるかに重いものであり、日本軍にとっても「死の行進」だったこと
③日本軍はそもそも大量の戦時捕虜を扱うということ自体に不慣れだったこと

などの理由が明らかになっており、現在では、この行進の責任者として処刑された本間《ほんま》雅晴《まさはる》司令官たちの責任を否定する見解が有力になっている。

しかしこのバターン事件は、こうした史実とは別に、ある人物の陰謀により、あやうく大東亜戦争最大のジェノサイド事件になってしまう可能性があった。

大激戦の末、バターン要塞が陥落し、大量投降したアメリカ軍捕虜の行進がはじまったとき、現地の日本軍部隊各所に、次のような大本営命令が伝達された。

「米比軍高級指揮官キング少将は、昨日正午、部隊をあげて降伏を申し出たが、日本軍はまだこれに全面的に承認を与えていない。その結果、米比軍の投降者は、まだ正式に捕虜として容認されていないから、各部隊は手元にいる米比軍投降者を一律に射殺すべきという大本営命令を伝達する」

各部隊は命令の内容に驚き、処刑の実行を後まわしにして命令の出所を確かめるうちに、この命令自体が偽命令であることに気づき、この処刑命令は幸いにも実行されなかった。

ではこの偽命令を偽造し、伝達したのは誰であったか。バターン攻撃に参加した歩兵百四十一連隊長の今井武夫《いまいたけお》大佐は、戦後、自伝で次のように述べている。

戦後明らかにされた所に依《よ》れば、かかる不合理で惨酷な命令が、大本営から下達

バターン半島陥落で捕虜となり、収容所へ徒歩で移送される米兵ら。辻は独断で捕虜全員の処刑命令を伝達したが、真偽をいぶかった現場の確認作業により、偽命令だったことが発覚、幸いにも処刑は実行されなかった。
写真提供／共同通信社

されるわけがなく、松永《まつなが》参謀の談によれば、たまたま大本営から戦闘指導に派遣された辻参謀が、口頭で伝達して歩いたものらしく、某部隊では従軍中の台湾高砂《たかさご》族を指揮して、米比軍将校多数を殺戮した者が居り、アブノーマルな戦場とはいいながら、なお其《そ》の異常に興奮した心理を生む行動に慄然《りつぜん》とした。

勿論、戦後マニラの米軍戦犯軍事法廷では、本問題も審理の対象とされ、軍司令官本間中将の罪行に加えられたと聞き、惻隠《そくいん》の情に堪えかねたが、同時に斯《か》かる命令を流布した越権行為が、有耶無耶《うやむや》に葬られていることに対し、深い憤りを感じざるを禁じ得ない。

（今井武夫『支那事変の回想』）

二つの事件を蔣介石への手土産に

辻の行為の異常性はここに極限化しているとみることができる。シンガポール華僑虐殺事件においては、不法行為を主張したのはあくまで辻本人であることは当時から知られていた。辻は狡猾《こうかつ》にその責任から逃れてしまったが、しかしジェノサイドの担い手＝犯罪者は辻自身である。だがバターン事件の場合は、辻は大本営、すなわち日本軍・日本国家そのものを誣告《ぶこく》して犯罪者にしようとしたのだ。このことはジェノサイドが未遂に終わったか既遂だったかには関係ない大問題である。

華僑虐殺とバターンの命令偽造のような行動を、辻がなぜ起こしたのであろうか。もちろん、自分自身のため、つまり形而上学的プライドのために起こしたのだ、という答えが可能であろう。しかし計算高い辻が、これらのジェノサイド的行動を、自分の「財産」にしたかもしれないという視点も必要であるように思われる。そのとき、日本人の残虐行為を世界で一番歓迎する人間は誰かといえば、蔣介石である。

もちろん、日本の戦況がきわめて優位に進んでいたこの昭和十七年（一九四二）前半、いくら機《き》を見るに敏《びん》の辻でも、連絡は取りあっていたかもしれないが、蔣介石への帰参までは、まだ考えていなかった。しかし、石原との出会い以来、日本国家への忠誠心からすっかり離れ、日本以外のどこかの世界の暗黒部に、自分を近い将来売り込むための経歴、履歴書のようなものをつくる必要があって、彼は戦争犯罪に手を染め、そしてついには、日本国家そのものに罪をきせようとする行動まで引き起こした。この時点までの辻にしてみれば、「冷酷にあらゆることができる」自分を売り込む相手は、蔣介石以外にも、ソビエト、中国共産党、アメリカ、あるいは世界を一時的に席巻しつつあるように見えたナチスドイツなど、いくらでも選択肢はあった。

しかしこうした辻の行動に、世界で最も狂喜した人物は誰かといえば、やはり蔣介石であったに違いない。蔣介石にしてみれば、中国人のどんな部下よりも優秀な人物、それが辻政信なのである。辻の「履歴書」は、辻の「再就職」のためには見事なまでにすばらしい内容だったといわざるを得ないであろう。

辻が数ある選択肢の中から蔣介石を選び、そこを帰参先として選択したのは、日本にとって戦局が決定的に悪化した昭和十八年（一九四三）の暮から十九年にかけてだと推測できる。辻が蔣介石の亡母の墓前祭をしたり、重慶単身乗り込みを東條に訴えたりしたのは、この時期である。辻にとって、華僑虐殺などの「履歴書」は最高の「手土産」になっていた。

蔣介石にしてみれば、自分が総力をあげてでっちあげようとした「日本人は世界で一番残酷だ」というイメージの形成を、辻という日本軍の一参謀は、あっさりやってくれたのだ。蔣介石はかつての東條のように、辻の存在に真剣に恋慕を感じ始めたに違いない。

辻の「履歴書」「手土産」による度々の「就職活動」は、フランス革命、ナポレオン時代、ポストナポレオン時代を、自らの冷血さを売り物にして生き延びたジョゼフ・フーシェを連想させる。

蔣介石による自国民へのジェノサイド

ジェノサイドに常に手を染めていたのは、日本ではなく蔣介石の方である。彼の日本＝ジェノサイド国家論というのは、自分自身の犯罪的行為を隠蔽《いんぺい》する狙いもあったということができる。

蔣介石が手を染めた大量虐殺事件は、若い頃繰り返した共産党弾圧や、台湾政権樹立後の親日派への白色テロなどもあるが、彼の生涯最大のジェノサイドは、日中戦争時、昭和十三年（一九三八）六月の黄河《こうが》決壊事件であろう。これは日本軍を混乱させる目的で、蔣介石が黄河の堤防を各所で一斉に破壊した事件である。この破壊は、事前に住民に一切知らせることなく行なわれた。この黄河堤防決壊は「ジェノサイド」でなく「作戦」だという解釈もあるかもしれない。だが、このような堤防決壊を行なえば一般住民が大量死するのは当然のこととして予想できることであって、根本的にはまったくのジェノサイドであった。

この堤防破壊により河南《かなん》、安徽《あんき》、江蘇《こうそ》の三省の平原の大部分が水没壊滅した。水死者は約一〇〇万人、罹災者は約六〇〇〇万人とされたが、被害があまりにも大きすぎて正確な数はいまだに不明である。さらにこの大洪水が原因して、数年にわたり一〇〇〇万人以上にも達する餓死者が出てしまった。この洪水で中国人救助にあたったのは、中華民国軍ではなく、日本軍だったことを、欧米や日本の報道機関は正確に伝えている。

おそろしいことに、蔣介石と国民党幹部は当初、この黄河決壊事件も南京事件と同様、日本軍の手になるジェノサイド事件にしようと必死で宣伝したのだった。たとえば国民党幹部で蔣介石側近であった何応欽《かおうきん》などは事件当初、「日本軍の砲撃と空爆で黄河の堤防は破壊されたのである」と発表した。しかし黄河決壊事件に関しては、南京事件と違い、地域が広範にわたり、外国人の目撃者、証言者もあまりにも多く、蔣介石の企みは失敗してしまう。

このように蔣介石の殺戮ぶりは、共産党政権になってからの毛沢東にも引けをとらないし、ヒトラーやスターリンのようなジェノサイドの王者たちの仲間入りの資格も充分なほどだった。しかも蔣介石は自分が行なったジェノサイドを日本のせいにしようとするという見事な「おまけ」をも持った殺戮者であった。すなわち彼こそ、世界で最も悪しき反日

昭和13年（1938）6月、蔣介石は日本軍の混乱を狙って、黄河の堤防を各所で一斉に破壊し、100万人以上ともいわれる住民の犠牲者を出した。さらに蔣介石はこの蛮行を日本軍になすりつけようとしたが、それには失敗した。写真は黄河の氾濫作戦に手こずる日本軍の様子。
写真提供／毎日新聞社

主義者ということができるだろう。

蔣介石に投降し、服従した辻政信

そんな蔣介石にしてみれば、日本人離れして暴れまわる辻という人物は、たしかに相当に魅力的な人物であっただろう。そして日本人から離れたがっている辻の側からも、日本の外にあってアジアで最も権威を持った人物である蔣介石は、天皇以上の存在、日本を超えた先にある君主のように見えたであろう。辻は戦争にのめりこめばのめりこむほど、日本のことがどうでもよくなっていった。日本を捨てた先に、自分を抱えてくれる君主である蔣介石がいる。石原との出会いによって開始された辻の形而上学的プライドの暴走は、蔣介石との接触によってその極《きわ》みに達したということができる。

辻が蔣介石に愛される部下になり、日本と日本軍を見限った証拠の極めつけは、終戦後、辻がバンコクから重慶に向かう途中に、ハノイの近くで、ある国民党幹部と交わした次のやり取りであろう。辻の同僚であった高山信武による辻の評伝によれば、その国民党幹部（藍衣社のインドシナ方面の総帥の刑《けい》中将）は、辻にこんなことを言ったという。もしこのような言葉を日本人として言われたら、たとえ小学生でも、怒りのあまり身を震わせるのではないだろうか。

「日本の敗戦は政治の方向を誤ったからだ。中国に戦さをしかけたのがその出発であり、米国に挑戦したのがその到達点である。神様は最も公平である。世界で一番人道的な米国に原子爆弾を与えた。もし米国に先立って、ドイツやソ連や日本に与えていたら、世界の人類は滅びたかもしれぬ。今後の日本は過去の侵略政策をやめて、人道主義の国となり、中国と仲良くしなければならぬ」（高山信武・前掲書）

辻はその言葉ににこやかに次のように返した。中国国民党幹部のこのような発言に何一つ怒りをみせず、次のような返答をもって返す軍人が日本軍にいたというだけで、私は日本軍の名誉は何割かが減ると思う。否《いな》、辻はすでに日本軍人でも日本人でもなく、「反日の奸雄」蔣介石のもとにつかえる第一の諜報部員だったのであるが。

「中日両国は今こそお互いに反省し、宿怨を清算して共に東洋人的立場に立って固く合作すべきであると存じます。蔣介石総統の著『中国之命運』に書かれてある通り、中国の重大問題は工業建設と対共問題です。対共問題は同時にソ連問題です。この意味において、中国と日本は緊密に米国と手を握らなければならぬと存じます。どうか閣下のご尽力によって私が一日も速やかに重慶に赴き、蔣委員長に中日合作の具体案について具申できるようにお願いします」

（同前）

第三章　新資料が明かす「終焉」の謎

CIA文書に残る「吉田茂暗殺計画」

辻の人生の謎、嘘、不明の部分を解明する上で、前述のCIA機密文書の公開、その紹介に尽くした有馬哲夫氏の功績はきわめて大きい。

有馬氏の機密文書の解読のおかげで、蔣介石と辻の結びつきに関する謎の解明も大きく前進した。また、辻以外にも、河辺虎四郎《かわべとらしろう》、有末精三《ありすえせいぞう》、服部卓四郎《はっとりたくしろう》、辰巳栄一《たつみえいいち》など、陸軍の中枢にあった人間たちがあっさり大日本帝国への忠誠を捨てて、GHQや中国国民党のエージェントとして活躍したという隠された戦後史が判明することになった。

さらに衝撃的だったのは、これら旧軍人たちの行動だけでなく、たとえば正力松太郎《しょうりきまつたろう》のような人物のCIAへの秘密協力の判明だった。正力は「podam（ポダム）」というコード名をCIAから与えられた正真正銘のエージェントであり、親アメリカ政策（たとえば、原子力政策の推進）を、自ら率いる読売グループを使って現実化しようとしたのである。正力はそのことと引き換えに、自身の政治的野心の実現に向けて、アメリカの援助を取りつけていたが、その野心があまりに強引であったため、CIAの正力へのかかわりは次第に弱くなっていく。

正力は、今や国内最大の発行部数（そして実は世界最大でもある）を誇る読売新聞において、神格化されてきた人物である。戦前国家への忠誠を唱えてきた軍人、そして戦後日本の言論界の中心にいた正力たちの隠された振る舞いを知るにつけ、私は「かつての日本人が現代人より立派だった」というような一般論は、とうてい成り立たないような気がしてくる。

西尾幹二《にしおかんじ》氏がハンナ・アレントについて触れた文章で「その場合、ユダヤ人自身の組織的協力がなければ六百万という大量虐殺はとうていできなかったであろうことを、アレントは強調している」と書かれたことがある。まったく同じことが日本の敗戦とその占領に関してもあったということになるだろう。

ところで、このCIA機密文書の中で最も驚かされる内容は、昭和二十七年（一九五二）に、服部卓四郎や辻によって計画された吉田茂《よしだしげる》暗殺・クーデター計画の存在ではないだろうか。有馬氏の著作から、この件に関しての情報を伝えるCIA文書を引用することにする。

1952年7月初め以来、旧陸軍の将校を含む追放解除者のグループがクーデターを起こそうとしていた。このグループの指導者は服部卓四郎元陸軍大佐。他のメ

ンバーは、児玉誉士夫《こだまよしお》、天野辰夫《あまのたつお》、本間憲一郎《ほんまけんいちろう》、井本熊男《いもとくまお》元陸軍大佐、種村《たねむら》。（中略）

辻政信がこのグループの指揮官に選ばれた。彼は服部にコントロールされていると言われる。このグループのメンバーではないが、井本と深いつながりがあるのは、第三軍と関係している前提督柴山《しばやま》（昌生《まさき》）。グループと目的を同じくする人々は、宇《う》垣一成《がきかずしげ》、木村篤太郎《きむらとくたろう》、緒方竹虎《おがたたけとら》、森田正夫《もりたまさお》、渡辺達夫《わたなべたつお》と陸軍中野学校の不特定のメンバー。グループは日本全国で50万人の支持を受けている。当初の計画は、追放解除者と国家主義者に敵対する吉田茂の暗殺を含め、クーデターを起こすというもの。グループは吉田と鳩山一郎《はとやまいちろう》を入れ替える計画だった。（中略）

クーデターを起こす場合は保安隊が使われる。井本（熊男）はすでに保安隊の重要な地位についている。辻は保安隊の一部を掌握している。

（有馬哲夫『大本営参謀は戦後何と戦ったのか』）

この情報内容で注意すべきことは、辻、服部、児玉といった騒々しい面々だけでなく、宇垣一成や緒方竹虎のような超大物が名前を連ねていることである。この情報が事実だとすれば、これは戦後最大のクーデター計画だったというべきであろう。

この吉田茂暗殺計画の背景には、服部卓四郎と吉田の対立があったと考えるべきである、と有馬氏は指摘する。ここまで本書で何度も出てくる服部は、すでに述べたように中国で終戦を迎え、国民党政権と取引することによって帰国した。そののちGHQの中心人物であったG2（参謀第二部）部長のウィロビーのお気に入りとなってGHQ資料歴史課に勤務、さらにはウィロビーの指令で、将来の日本の再軍備を準備研究するための服部機関の長におさまっている。

ウィロビーはアメリカ軍人であるにもかかわらず熱心なファシズム支持者で、共産勢力の擡頭《たいとう》を激しく憎悪し、将来の対共産圏戦争のために日本を利用することを考えていた。その対共産圏戦争の研究、検討のために、関東軍や参謀本部で長らく作戦立案に携わっていた服部の才能は非常に魅力的なものだったといえる。服部の再軍備案は、日本の専守防衛が目的ではなく、アメリカの対共産圏戦争のために、日本がどれだけの軍事力を必要とするかという視点から考えられたものだった。

しかし首相の吉田は、戦前から陸軍に何度も痛い目にあっていることから、旧陸軍軍人にきわめて冷淡なところがあった。たとえば吉田は昭和十一年（一九三六）、広田弘毅《ひろたこうき》内閣の外相に擬せられたが、この吉田外相案を潰したのは陸軍であり、また戦争末期には和平工作を展開したために憲兵隊に連行され長期拘留されるというようなこともあった。だから吉田は陸軍軍人の権化のような服部の存在を徹底的に嫌い、服部の再軍備計画案にも反対していた。そこで服部たちは、吉田よりずっと再軍備に積極的で、陸軍へのアレルギーもない鳩山を擁立するクーデター計画を考えた、というシナリオが成り立つわけである。

CIAに情報をもたらした人物とその背景

しかし有馬氏は、この吉田暗殺・クーデター計画の情報は、CIAが信用度「F6」というランクをつけていることからして、鵜呑《うの》みにすべきものではないと指摘する。

CIAの公開情報文書は、CIA自身が作成した情報文書と、CIAではなく、GHQの情報組織からもたらされた情報文書に大別される。CIA自身が作成した情報文書は、CIAが厳選調査したもので、もともと信用度に問題はないので、情報源の信用度評価というものもない。これに対し、たとえばCIC（GHQのG2の下部組織、対課報部隊）

由来の情報だと、情報をあちこちから集めたので、各情報の情報源に関して信用度評価というものがある。信用度はAを最高位にし、Fを最下位にする。

さらにAランクの中で、1から6までの情報源評価に分かれる。つまり、「A1」ということだと、その情報は最高の信用に値することになり、「F6」だと最低の評価ということになる。この吉田茂暗殺計画のCIA情報文書は、情報源にランク付けの必要なタイプの情報で、「F6」の評価がなされているのである。

ではこの信用度の低いとされる情報は誰からもたらされたのか。CIA文書によればこの情報は「中国第三軍（中国国民党軍のこと）とコンタクトを持ち、かつ現在インテリジェンス活動に携わっている中国人元将校」とある。そしてこの計画は、辻政信が「今は行動を起こすべきではない。本当の敵は吉田ではなく、社会党などの左翼勢力である」と宥《なだ》めることで中止になったと記されている。

この吉田茂暗殺・クーデター計画は大いに謎めいている。偽情報だとしても、あまりにスケールの大きい話である。魔の参謀（すでに日本陸軍は存在していなかったが）、辻が関与していることが、その謎をより深いものにする。少なくとも事実なのは、辻は戦後のこの時期（昭和二十七年）には、このようなおそろしい計画の関係者にまで日本国内で復活していたということである。

大ベストセラー作家から衆議院議員へ

ここで辻の戦後の行動の軌跡に話を戻すと、蔣介石の国防部で直接活動、活躍していた彼は、まもなくして日本への帰国を決意する。既述したように、この帰国は、蔣介石の諜報活動指令によるものだった。辻の帰国は昭和二十三年（一九四八）五月である。

イギリス軍は辻の動向を察知していたようで、この時期に至っても、日本国内での辻の捜索を続けている。しかし辻の背後には蔣介石の後ろ盾がある。しかも辻をサポートしているのは中国国民党だけではなかった。

CIA文書以外の話であるが、たとえば辰巳栄一は自伝で、帰国した辻を庇護するようにウィロビーに依頼したことがあるという事実を語っている。GHQには辻の盟友の服部も勤務し、ウィロビーに可愛がられている。当然、服部と辻は連絡を取りあっており、服部は辻への監視を緩めるための手をGHQに打っていたに違いない。事実、シンガポール華僑虐殺事件で辻の行動を補助した共犯者として戦犯指定され、辻と同じく国内に潜伏していた朝枝繁春《あさえだしげはる》元少佐は、服部の家で潜伏中の辻に会ったことがあることを記している。

命からがら隠れ家を転々としていたという辻自身が語るところの国内での逃避行は、これらのことからして、本人が語るよりも、ずっと安全安心なものだったのだろう。

辻を最も激しく追及していたイギリス軍の戦犯裁判は昭和二十四年（一九四九）中にすべて終了し、イギリス軍は辻を戦犯名簿から削除、翌年中には、アメリカ軍も戦犯裁判の終結を宣言した。この時期から辻の行動は表立ったものとなり、ふたたび目まぐるしくなっていった。

彼はかねてから書き溜めていた逃亡記『潜行三千里』を発表、これが大ベストセラーになり、ついでノモンハン、ガダルカナル、シンガポール戦などでの戦記も発表、一躍人気作家になった。昭和二十五年（一九五〇）の作家に支払われた印税額で、辻は全国十位につけるほどの売れっ子になった。この人気の勢いに乗って、辻は昭和二十七年（一九五二）、石川一区から衆議院議員選挙に立候補、無所属新人であるにもかかわらず、断トツのトップ当選を果たした。

もちろんこれはあくまで表向きの辻の動きにすぎない。既述したように、昭和二十五年に一度、インドシナに国民党の要請で工作に出かけていたという事実がＣＩＡ文書により明らかになっている。ところが、翌年の昭和二十六年（一九五一）に国民党からふたたびインドシナ工作を依頼されたとき、辻はこれをきっぱりと断わったとＣＩＡ文書には記されている。

この件の解釈について、有馬氏は有名作家になった辻が、日本国内での再軍備運動その他で忙しくなったからだと断じているが、私はそうではなくて、辻がこの時点で蔣介石・国民党を見限り、国民党の諜報活動からすっかり離れたことを意味するのではないかと思う。

すでに国民党は国共内戦に完敗し、台湾に追いやられていた。蔣介石の対日情報戦略・支配計画も、本国での政治的状況の壊滅により、完全に先細りになっている。辻としては、自分が新たな盟主として仕えた蔣介石は頼るべき力を失い、その力を回復する見込みもなくなったように見えた。魔の参謀はアジアの巨大な魔神を、かつて大日本帝国を見限ったように、あっさり見限ったのである。

蔣介石の次に国内に「潜伏」している辻に目をつけたのは、表面的には辻を追いつめているはずのＧＨＱだった。

ＣＩＡ文書は昭和二十五年頃、児玉誉士夫の紹介で、辻がアメリカの空軍情報局（ＯＳＩ）に勧誘されたことを伝えている。しかし辻はこれを断わったばかりか、開始したばかりの文筆活動によって、「第三次世界大戦ではアメリカは必ずソ連に敗れる」という強硬な反米論を主張し、識者の間をまわって再軍備計画に奔走しはじめる。もちろん再軍備は服部たちもＧＨＱ内で進めていたが、辻の再軍備論はアメリカに依存しないもので、服部の動きとは一線を画していた。

服部にとって不幸だったのは、服部の後ろ盾で、吉田もおそれていたウィロビーが昭和二十六年に帰国してしまったことである。吉田はウィロビーの帰国後、服部を中心にして進めていた再軍備計画をただちに白紙に戻し、服部が進めていた警察予備隊の計画や人事を次々に潰しはじめた。服部は吉田によって、新しい時代のバスから降りることを余儀なくされてしまったのである。こういう状況の中で、昭和二十七年（一九五二）の服部を首謀者とする吉田茂暗殺計画が出てくるという話に戻るわけである。

盟友・服部卓四郎を利用した辻

これまで幾度も出てきたように服部卓四郎と辻は、二十代の頃からの盟友である。士官学校、陸軍大学校は服部の方が二期上、両者は水魚のように仲がよかった。

二人は性格的にはまったく対照的であったが、それゆえによく結びついていたといえる。服部は辻と違い、寡黙で温厚、相手の話を聞き終えたのちに、おだやかに相手を説《と》き諭《さと》すタイプである。ノモンハンや大本営の作戦立案では、辻の激しい主張を服部が受け入れ、ほかの者が「服部が賛成しているのなら致し方ない」ということで通すというパターンがよくみられた。

ある意味で（あくまである意味で）板垣征四郎《いたがきせいしろう》と石原莞爾の関係に似ているといえるだろう。板垣が服部、石原が辻に対応するというわけである。

服部は石原莞爾と同じ山形の出身である。また服部は辻と同じく、東條にずいぶん目をかけられながらも、生涯を通じての石原崇拝者であった。辻にとって、自分を何でも受け入れてくれる優しく物静かな兄貴分の服部とは、石原の代わりの存在だったのかもしれない。服部が許してくれれば、石原導師も許してくれるだろう、そんなふうに戦場の各所で、辻は考えていたのではないだろうか。

CIA文書が吉田茂暗殺計画の情報の信用度に「F6」というランクを与えているの

極東国際軍事裁判に被告として出廷した服部卓四郎（昭和22年〔1947〕5月24日、東京・市ケ谷の旧陸軍省大講堂）。辻政信の生涯を通しての盟友だったが、最後は吉田茂暗殺計画の主謀者に仕立て上げられた。
写真提供／共同通信社

も、情報源の怪しさだけでなく、このような性格の服部が、はたして暗殺・クーデター計画の首謀者になりうるのだろうか、という疑いもあったのではないかと思われる。いくら吉田茂との確執があったからといって、慎重で温厚な服部が占領終了まもない日本で、そんな大それたことをするだろうか。むしろ辻がやりそうなことなのだが、辻はこの計画を止める側にまわったのだという。

留意すべきなのは、この計画があったとされる昭和二十七年が、辻が衆議院議員に立候補した年であり、また前年、二度目のインドシナ工作を断わることによって、自分を飼っていた蔣介石の束縛から解き放たれてすっかり自由になり、新しい活躍の場を見つけるために熱中していた時期だということである。辻の新しい活動の場、それはすなわち国会であった。辻の議員選挙にかける意気込みがたいへんなものであったことは、立候補直前の次のエキセントリック極まりない演説でもよくわかる。

私が軍服をぬいで坊主となり、潜行した大きな動機は、今度の戦争では、おそらく連合軍が私どもの同僚や先輩、または部下多数を戦犯として殺してやるに違いない。

そのさい一切の戦犯は辻がやったといってほしい。人間一人の生命が果してどこまで持ちこたえ得るかどうか、徹底的にもぐって戦って見よう。最悪の場合捕えられたら、一言の申し開きもしないで、あらゆる罪をできるだけ多くかぶって絞首台に上ろう。こういう気持ちで、十六日の朝まだ暗い時に営内を抜け出したのであります。

（田々宮英太郎・前掲書）

当選後の辻が敵対するのは、当時、戦後政治の始まりをリードしていた吉田茂内閣である。いくら意気盛んな辻であっても、無所属の新人議員など、国会では吉田にほとんど相手にされないだろう。

しかし、もし吉田の側に、辻が（吉田が嫌悪する）服部とともに暗殺クーデター計画を担った人物であり、しかもそれを断念させた人物でもある、という認識があったとしたらどうであろうか。吉田にとっては、恐怖と恩義を両方抱かせる新人議員ということになる。ここにおそらく、辻の策謀があったのであろう。つまり、辻は自分の政治的目的のスタートのために、政界全体での「手土産」として、暗殺クーデター計画をでっちあげ、それをＣＩＡに流すことで、吉田の耳にも届かせるという情報操作をしたのではないだろうか。

決定的と思えるのは、この暗殺計画を提供した人物が「中国第三軍とコンタクトを持ち、中国に駐屯した日本陸軍の将校とも広くコンタクトを持ち、かつ現在インテリジェンス活動に携わっている中国人将校」となっている点である。中国国民党と黒い交際のあった辻ならば、この類の人物の知己なら大勢いたであろう。

有馬氏も「これらを総合すると、『中国人元将校』が流したこの服部クーデターの情報は、辻があえて流させたものだと考えられる。つまり、これは五〇年の警察予備隊のときに続いて、今回も『服部兵団』を締め出そうとしている吉田への辻の脅しだったといえる」（前掲書）として、辻のでっちあげの可能性を認めている。しかし辻のでっちあげの目的が、有馬氏の言うように、服部との友情のためのものだったとは考えられない。

服部と辻は盟友であっても、戦後政治のかかわりにおいては、親米の服部に対して反米の辻ということで、対峙する状態にあった。ここで石原莞爾を崇拝しながら、現実的には石原の思想と正反対の行動ばかりしていたかつての辻を思い出してみよう。表面上では辻は石原を生涯崇拝し、服部を生涯の盟友だと言い続けた。だが辻にしてみれば、崇拝者も盟友も、自分の「形而上学的プライド」を生かしていくための手段にしかすぎない。

辻は自身の政治家としてのスタートを大きなものにするために、吉田茂暗殺計画という情報操作を行なったのである。むしろ服部は辻に利用されたのだ。「吉田茂暗殺計画」の情報の翌年、辻は新人議員として国会の赤絨毯《じゆうたん》に足を踏み入れ、一方の服部はこのクーデター計画以降、歴史の表舞台から完全に退場することになった。

首相暗殺計画という「毒」が、辻を戦後政治の世界に生かすことになり、服部を消し去ることになった。この「毒」の効能を辻は見事にわかっていたのである。依存対象を目まぐるしく変えて新天地を見出していく辻は、蔣介石に続いて、服部卓四郎も切り捨てたのだ。

国会議員としての辻、岸信介との対立

辻のその後の政治家・議員としての活動を簡単に追ってみよう。昭和二十七年九月の総選挙での当選以来、辻は衆議院に四回連続で当選する。辻は当初は無所属でありながら、吉田茂と対峙する鳩山一郎《はとやまいちろう》のグループに近く、昭和二十九年（一九五四）、鳩山を中心に

日本民主党が結党されるとそこに合流、昭和三十年（一九五五）の保守合同により自民党に入党する。

自民党では石橋湛山《いしばしたんざん》の派閥に属している。石橋はこの当時の自民党の中では珍しく、中国共産党政府との国交を唱える親中共派であったが、これは、国民党を見限って以来、急速に中共に親近感を抱くようになっていた辻の方向性と軌《き》を一《いつ》にしていた。辻が中共に議員旅行するとき、石橋派議員であるということは、かなり役に立つ肩書きであった。

しかし国会や自民党は、辻にとって、かつての戦場とは違い、居心地のよい場ではなかったようだ。選挙区では人気があっても、国会内では落ち着きのないその挙動は忌避《きひ》され、入閣はもとより、政務次官の話さえ一度も来なかった。

辻は議員会館の自室に日本刀を常において、「いつ敵機が来てもいいように、いつ戦場になってもよいようにしているんです」と周囲の者に語っていたエピソードがある。おそらく彼にしてみれば、討論と駆け引きに明け暮れる国会は、ひどく退屈なところだったのであろう。また強気そのものの辻が、親しい知人に「国会議員といっても、就職や進学の世話までせねばならぬ。しかし、おれにはできない。つくづくイヤになったよ……」という弱音をもらすこともあったという。

参議院で代表質問に立つ辻政信。戦後、ベストセラーを連発した辻は国民的人気を博し、衆議院議員に4期、参議院議員に1期当選、国会議員の身分のまま消息を絶った。当時はまだ、戦時中の彼の悪行が取り沙汰されることは、さほどなかった。
写真提供／毎日新聞社

やがて辻は、岸信介《きしのぶすけ》首相と険悪な仲違《たが》いを起こし、予算委員会で岸の金銭問題を執拗に追及、このことで自民党を昭和三十四年（一九五九）に除名される。満州の地で活躍し、東條内閣の閣僚でもあった岸は当然、辻のことを戦前からよく知っていたに違いないが、岸と辻は非常に相性が悪かったようである。岸は東條のように「奇貨《きか》おくべし」という政治手法は持っていなかった。

また辻の外交政策は、岸のそれとまったく相容《あいい》れなかった。辻と岸は反共産主義という面では同じであったが、岸の親米主義に辻は反対で、反米主義と自主防衛力の強化を唱えていた。したがって岸が強力に推し進めていた日米安保条約改定についても、辻はそもそも安保条約を不要と考えていて、改定に反対の論陣を張っていた。

辻は自身の論を「自衛中立論」と呼び、相当の自信を持っていた。そして何より、岸の対中国政策が、台湾の蔣介石政権一辺倒であることに辻は不満だった。辻は新しい国際的策謀のパートナーとして、大陸の共産党政権に目をつけはじめていたのである。

自民党からの除名処分とともに辻は衆議院議員を辞職、しかしすぐそのあとの参議院議員選挙に全国区で出馬し、岸内閣批判を展開して全国三位の大量得票で当選し、国会に返り咲いた。国会内では不人気極まりなかったが、辻という人間は大衆の人気にだけは常に恵まれていた。

そんな辻にとって自分の可能性を見出す場は、かつての参謀時代と同じく、やはり日本以外の世界であった。「魔の参謀」としての自分を生かすことのできる舞台をさがすべく、辻は議員の身分を生かし、盛んに海外に出張している。

特に昭和三十年のソ連・中国訪問、三十二年（一九五七）の中近東・中国訪問は、辻の議員生活の頂点をなす行為であったといえる。これらの訪問で辻はジューコフ、周恩来《しゅうおんらい》、ナセルらと親交を結ぶ。ソ連での辻はまるで日本国を代表するような振る舞いで、ノモンハンのときの敵将でもあるジューコフ（当時、国防相）と長時間談じ合い（ジューコフはなぜか辻を真珠湾攻撃の立案者と勘違いしていたという）、ジューコフに北方領土返還の可能性を語らせている。そして重要なのはこれらの外遊で、辻が中国共産党への接近に成功したということである。このことが、のちの辻の最後の失踪にかかわってくる。

表向きはそのような政治的行動を取りつつ、ソ連・中共と、日本の左翼政党の隠れたつながりについても辻は油断なく目を光らせ、中ソ訪問で得られた情報をもとに、昭和三十一年には国会で、社会党・共産党と、ソ連・中国の間の資金的つながりについての爆弾質問を行なって、両党に大きな打撃を与えるというようなことも行なった。こうしたことは、戦中・戦後の日本と蔣介石の間で目まぐるしい行き来をしていた辻でなければできない情報活動だったということができるだろう。

辻は議員・政治家というよりも、議員という身分を利用した情報屋になっていった。戦後の世界では、かつての辻が自在に行なっていた実際的なテロル的手段はもはや使えなくなっていることは、辻にもよくわかっていたに違いない。辻政信に残された最後のテロルの手段は「情報」なのであった。

各国や各組織を通じ、巧みに出し入れする情報そのものを武器にして、政治家や国家をおびやかすような「情報テロル」を、かつての戦場での暴れぶりと同様に行なう。その情報テロルは、かつて蔣介石のスパイとして大いに鍛えられた、という自負が辻にあったからこそ行なえたに違いない。しかし情報テロリストとしての辻の命運は、意外に早く尽きることになるのである。

ラオスで消息を絶った辻政信のその後

昭和三十六年（一九六一）四月、辻は参議院に、インドシナの視察に出かけるための休暇願いを出した。岸を後継していた池田勇人《いけだはやと》首相には、当時、ベトナム戦争の余波を受けて内戦状態に陥っていたラオスの事情を探って、情報提供するという名目で、餞別金二〇〇万円をもらっている。辻の池田との関係は、岸との関係ほどは悪くはなく、池田は辻の「自衛中立」「中共の重視」という内容の国会質問に理解を示すというようなこともあった。その池田がケネディ米大統領との首脳会談を控えて、インドシナ方面の政治・軍事情報を必要としており、辻はそこに目をつけたのだと言われている。

ベトナム戦争がまだ本格化していなかったこの頃、インドシナで一番きな臭い雰囲気が漂っていたのがラオスであった。この頃のラオスは、アメリカの支援を受けている右派勢力のCDIN（国益擁護委員会）と、ソ連・中国・北ベトナムと親密な関係の左派ラオス愛国戦線（パテト・ラオ）に分かれていた。昭和三十五年四月、CDINはアメリカの支援のもと、選挙で多数を占めたが、これを不満とする中立派が八月にクーデターを引き起こし、左右を集めた挙国内閣をつくる。

これに怒ったCDINのリーダーのノサバン将軍は、アメリカの支援のもと軍事行動を

開始する。中間派・左派は共産圏からの支援を受けたが抗することあたわず、十二月には
ノサバン将軍は首都ビエンチャンを占領、親米右派内閣をつくった。中間派の代表のプー
マ殿下と左派パテト・ラオの中心人物であるスファヌボン殿下は、ビエンチャンから脱
出、ジャール平原周辺に共産圏国家に支持された亡命政権を樹立、ラオスは内戦状態に陥
ってしまった。

憂慮した国際社会は、多国籍の停戦監視委員会を翌昭和三十六年二月にラオスに派遣、
内戦はいったん停止し、各派間で話し合いが行なわれたが、ビエンチャンの親米右派政権
と、ジャール平原に陣取る中間派・左派連合政府とも主張を譲らず、事態は緊迫した情勢
のままであった。自由主義陣営と共産圏の代理戦争の拡大が懸念される中、一月に米大統
領に就任したケネディは、従来のラオスでの強硬政策を変更することを表明、世界中の関
心がラオスに集まっていたのである。

辻は四月四日、羽田からバンコクへ、そして十四日にラオスの首都ビエンチャンに移
る。バンコクで辻は、陸軍大学校教官のときの教え子である自衛隊の伊藤知可士《いとうちかし》一佐と落
ち合い、ビエンチャンに向かう。ビエンチャンでは、ラオスの事情に詳しい東京銀行ビエ

ンチャン支店の赤坂勝美《あかさかかつみ》氏と落ち合う。そこで辻は僧侶に変装し、二十一日、中立派・左派政権が支配しているジャール平原に向け、赤坂、伊藤の両氏に別れを告げてビエンチャンを離れた。これ以降、辻の消息はわからなくなった。

辻の失踪については、確実性の高いものから、まったくの空想話まで、当時から今にいたるまで、実にさまざまな話が雑誌、新聞、伝記によって語られてきた。そのうちから、まず事実とみて差し支えのないレベルの情報を列挙してみよう。

①辻はビエンチャンで、伊藤・赤坂の両氏に、「自分はビエンチャンからジャール平原に潜入し、北ベトナムのハノイに行き、ホーチミンにベトナム戦争をやめさせるように説得するつもりである」と言っていたこと。

②辻は潜伏後まもなくして、ラオス愛国戦線（パテト・ラオ）に逮捕監禁された。監禁先のカンカイで辻との接触を許された華僑の楊光宇《ようこうう》氏の証言によると、監禁された辻から脱出計画を相談された。楊氏と辻の接触の期間は、六月中旬から下旬までの約二〇日間であった。

③六月のどの日かは定かではないが、ラオス愛国戦線（パテト・ラオ）の指導者の一人であるスファヌボン殿下と会談している。スファヌボン殿下夫人に、あらかじめ日本から用意していた真珠の首飾りを進呈した。

④辻は日本から離れたあとに、いつの時点かはわからないが、北京に一〇日間滞在している。

これ以外に、明らかに信用度の高くない情報としては、

「中共の侵略支配が進んでいたチベットで辻を見た」

「依然として復讐心に燃えているイギリス軍の情報機関に消された」

「CIAに消された」

「ジャール平原で野獣に襲われて死亡した」

などの話がある。


さらには「日本軍時代に隠した金塊探しに出かけた」とか「ナセルの政治顧問に就任し

辻政信、最後の写真。国会に休暇願を出した辻は、昭和36年(1961) 4月14日、ラオスの首都ビエンチャンに到着。そこで僧侶の姿に変装し、21日、ジャール平原に向けてビエンチャンを出発した。その後の消息は杳《よう》として知れない。写真はビエンチャン出発直前に撮影されたもの。
写真提供/毎日新聞社

た」という奇説も多数存在する。

しかし多数の研究者は、①から③までの説を総合し、辻はハノイを目指して変装潜伏したが、ラオス語もベトナム語もできない辻はたちまちパテト・ラオに逮捕監禁され、そこからの脱走を企てたときに、現地指揮官の指令で処刑されたという説を唱えている。多くの辻の評伝も、この説に従っている。

当時ラオスの内戦地帯には、僧侶に変装したスパイが非常に多く、パテト・ラオはそうした変装僧侶を次々に処刑していた。さらにジャーナリストや辻の知人の現地調査で、辻と思《おぼ》しき黄衣の僧侶を処刑したという証言や噂がパテト・ラオに存在していることが確認されたことが、この多数説を支えている。

驚くべき「失踪」の新事実

ところが、ここでまたしても有馬氏の紹介する平成十七年（二〇〇五）公関のＣＩＡ「辻ファイル」が、従来の通説に、背負い投げを喰らわせることになった。

辻の失踪について、ＣＩＡは信用度の高いある中国国内の政府レベルでの文書を把握し掲載している。この文書は「林宣蘺《りんせんり》」という名前の中国政府関係者によって昭和三十七年

（一九六二）八月あたりに書かれたものだという。辻の失踪した前年の四月から、一年と四カ月が経過している。この文章を要約すると次のようになる。

①辻はビエンチャンに一度戻ることに成功したあと、雲南省の中国共産党過激派に誘拐され、雲南省に軟禁されている。

②中国共産党は、辻を思想改造したあと、エージェントとして利用し、党の戦略企画部長のポストを与えようと考えている。

③同時に、辻の身柄帰還について、日本政府と身代金などを取引きする用意も、中国共産党にはある。

④いずれにしても中国共産党は、辻の存在を政治的に利用することを考えている。

ＣＩＡ文書は、辻が監禁先の雲南省で書いたとされる封筒の筆跡が鑑定の結果、辻自身のものであることが判明したことなどもあわせて、辻の失踪について、「対象（辻のこと）は雲南省の中国共産主義者に身柄を拘束されていて、連絡がつかない状態になっている」と結論付けている。辻が行方不明になった翌年の昭和三十七年の時点での話である。

真実はどこにあると考えるべきなのであろうか？

まず注意すべきなのは、確かと思われる情報のうちの④「辻は日本から離れたあとに、いつの時点かわからないが、北京に一〇日ほど滞在した」というものであろう。この情報源は謝南光《しゃなんこう》という中国共産党の幹部である。謝はもともと国民党に属し、終戦直後、駐日代表部として来日したこともあるが、実は謝は中国共産党のスパイであり、昭和二十七年（一九五二）に共産党政権に寝返って大陸に行き、共産党のＶＩＰになった。スパイ時代、つまり滞日時代は、辻とも多くの接触を持っている。

謝はこの証言のあと、辻が中国に潜入したという発言をした事実はないととぼけ、辻は北ベトナムに潜入しようとしてアメリカ軍に射殺されたなど、発言をクルクル変えるという態度に出た。

しかしこの混乱した態度が、中国共産党からの謝への圧力、逆に最初の発言の正しさを示しており、以前から知り合いであった辻に関しての多くの情報を持っていたことを意味するように思われる。

シンガポール華僑虐殺事件の共犯で、辻とは戦前から戦後にかけて親友であり、やはり戦後、GHQのエージェントとして長く活躍活動した既述の朝枝繁春・元少佐も、辻の中国潜入説を全面的に支持している。朝枝はおそらく、アメリカからの辻の消息情報に通じていたのであろう。

問題なのは「いつの時点かはわからないが、北京に一〇日間、滞在している」の「一〇日間」がいつか、ということである。少なくともいえることは、四月四日に羽田を発ち、四月二十一日に知人と別れてラオスのジャール平原に消えるまでの期間、さらにその後のパテト・ラオに拘束されていた期間には、北京滞在の気配はまったくみられない、ということだ。つまり、謝南光が指摘する辻の北京滞在は、辻が雲南省共産党に拉致されて後のことになる。辻は雲南省から北京に（強制か任意かはわからないが）いったん移動し、中共政府首脳と接触を試みることがあった、と考えるのが自然であろう。

辻はなぜ、北京政府との接触を試みたのであろうか。私は、辻の北京訪問と雲南省共産党による拉致は結びついていると考える。辻のラオス潜入は知人や周囲への偽装であり、彼はもともと、中国本土に向かうことを計画していたのではないだろうか。辻と中国共産党の共謀に、中国共産党の子分のパテト・ラオが最初から加わっていた可能性さえある。有馬氏はあくまで雲南省共産党の拉致ととらえるが、私は拉致というよりは、あらかじめ同意のあった連行であったと思う。

ホーチミンとの会談は、確かに彼の重要目的の一つだったかもしれない。しかし、中国国内に潜入し、中国共産党の戦略企画部長のポストに就いてからの方が、ベトナム和平工作は、はるかにセンセーショナルでスムーズにいく。ホーチミンとの会談という目的は二次的なものだったのだろう。つまりどの時点かはわからないが、辻は中国共産党と示し合わせることに成功し、それによって、中国に潜入することが辻の第一目的になったのではないか、ということである。

辻は、かつて終戦時、中国国民党に対して行なったと同じこと、その懐《ふところ》に飛び込むことを、中国共産党に対して今一度行なおうとしたということである。辻にしてみれば、ビエンチャンからの失踪は、終戦のときのあのバンコクでの失踪と同じものだった。パテト・ラオはかつての重慶藍衣社であり、目指すところは重慶ではなく、雲南あるいは北京であった。謀略がすべて成功し、辻政信がかつての国民党でそうであったように、中国共産党幹部になったとすれば、これはアジアだけでなく、全世界を揺るがすような大事件になったであろう。

辻はラオス行きの直前、大統領に就任したばかりのケネディに、中共の国連加盟をアメリカが推進することを要請する意見書を送っている（秦郁彦『昭和史の軍人たち』）。この時期はまだ、台湾政府は大陸反攻の意欲に燃えており、中共の国連加盟の可能性はまだ絵空事であった。にもかかわらず、辻は中国共産党に、自分の新たな野心を預けようとしたのである。

辻が今一度見ようとした見果てぬ「夢」

しかしそうした事態の読みは、あまりにも辻の独りよがりだったのであろう。まず辻と共産党との間には、かつての辻と蔣介石の間のような、長期間にわたって培《つちか》った蜜月は何もない。大東亜戦争の時期全体を通じて辻が幾度もつくった「手土産」を、何も持っていなかったのである。

辻は自著で、周恩来はじめ、自分が面会した中国共産党幹部の人格を高く評価しているが、共産党幹部への辻への態度はまったく表面的な装いにすぎず、毛沢東も周恩来も、蔣介石と違って、辻に対して根本的な信頼は、ほとんど持っていなかったと見るべきであろう。辻が中国共産党の「信頼」を得るためには、かつて中国国民党に対して行なったような時間をかけた、規模の大きい「手土産」の数々が必要ではなかったか。たとえば中国共産党員の政治活動をサポートしたり、党員の命を助けたりというような行動を、戦前・戦後の辻はまったくしていなかった。

またこのＣＩＡ文書に「改造」ということがあることが非常に気にかかる。いくら口八丁の辻であっても、思想改造されて自分を共産党的人間に変換することには（たとえ演技であったとしても）、さすがに激しいためらいがあったに違いない。ソビエト共産党や中国共産党の思想改造教育の過酷さは、辻が知っている日本の憲兵隊や特高警察の比では、まったくない。

私は、雲南省共産党のもとに庇護されるまで、辻の謀略は計算通りに進行したのではないかと思う。しかし思想改造の段階になって、辻と共産党の間に致命的な齟齬《そご》が生じ、辻は客人から囚人へと待遇を変えられたのではないかと推測する。ＣＩＡ文書も、雲南省に監禁されているという指摘をもって、辻に関しての記述は終わってしまっている。つまり、辻の命運は、雲南の地で、ついに尽きたと解釈すべきであろう。

同じ頃、雲南省からそう離れていない台湾では、蔣介石が、親日派への白色テロを繰り返しながら、次第に遠のく大陸反攻の可能性に絶望を感じていた。大陸に戻ることが絶望的になるにつれて、蔣介石の顔は、若い頃とは比べ物にならないような温和なものになっていった。世界の列強に依存しまくり、辻のような魔性を利用しまくる必要性から解放されたからだろうか。個人的な好みの問題をいえば、晩年の蔣介石の柔和な表情が、私はなぜか好きである。

蔣介石のもとにも、ラオスや雲南省での、辻の活動の情報は入っていたに違いない。自分の人生の暗黒部分に最もきっちりと付き合ってくれた日本人の最後の報に、安穏とした後半生を過ごしつつあった蔣介石は、いったいどのような思いを馳《は》せたであろうか。

あとがき

以前、私がお喋りしによく通っていた喫茶店の、年配の女性店長がいた。終戦の前年に生まれたという彼女は、およそ歴史には関心がなく、ヒトラーが自殺した歴史的事実さえよく知らないという人であった。私にはそんなことはどうでもよく、何気ない世間話を、コーヒーを飲みながら語り合えればよかったのであるが、ある日、ふとしたきっかけで、彼女との話題が蔣介石に及んだことがあった。

彼女は、熱をこめて、「蔣介石というのは日本の一番の恩人で、蔣介石のおかげで日本の戦後の繁栄があるんですよね」と言い始めた。そんなことを歴史家やジャーナリストが言うなら、私はすぐさま反論を始めるが、そのときは彼女が歴史の話をすること自体が小さな驚きであって、取りあえず言い返すことなく、彼女の話に耳を傾けることにした。

ヒトラーの自殺を知らない彼女が、「以徳報怨」のこと、そして終戦直後に中国大陸の日本の陸軍軍人を「赦した」ことまでも知っていた。「蔣介石は日本に優しく、戦争のことを怨みにも感じない聖人君子」、だそうだ。

何ともおかしかったのは、彼女が「南京事件とか何とかうるさく言う嫌な江沢民《こうたくみん》とか胡錦濤《こきんとう》とかと違って、蔣介石という人は日本にとても好感を持っていたんでしょうね」と言い、感激したような表情をしていたことである。南京事件のシナリオを書いた張本人が蔣介石だということを知らないまま、彼女は戦後日本の時間をずっと過ごしてきたのだ。伝説や神話が史実と違う見事な一例を、私はまざまざと見せつけられた思いだった。こうした蔣介石礼賛に、私は二十一世紀のこの日本の巷《ちまた》で、実によく出会うのである。

民族にいったん刷り込まれた伝説というのは、実に恐ろしい。歴史家・評論家のごく一部では証明されたと考えられている蔣介石の正体が、日本の世論全体では、ほとんど認識されていない。これはなぜなのだろうか。決定的な蔣介石伝説の破壊の書が、まだほとんどないせいではないだろうか。

彼のライバルの毛沢東が少なくとも日本では堕ちた偶像になったのは、数多くの毛沢東伝説の破壊の書の力のおかげである。その力が、本を読まない人の心の中にあった毛沢東伝説も消し去ったのだ。同じことが、まだ蔣介石に関してはまったく不足している。

伝説は破壊されない限り、生き続ける。もちろん部分的な蔣介石批判の書は幾つか存在するが、真っ向からの伝説破壊の書となると、日本国内では、探すのがたいへんに難しい。例外の一つは本書にも使わせていただいた黄文雄氏の『蔣介石神話の嘘』（明成社）であるが、この書は中国史における蔣介石の伝説の破壊に主眼が置かれており、日本の蔣介石伝説の破壊は、副次的なものになっている。

本書を最後まで読んでくださった方は、本書の辻政信についての評伝部分の中間部分に、サンドウィッチの中身のように蔣介石の政治的人生についての評伝が挿入されていて、ある意味で辻政信以上に熱意をこめて私が書いていることに気づいていただけたことと思う。私が本書で目指したのは、辻政信という悪魔の正体を追い求めると同時に、日本人自身の手によって、日本史の視点から、蔣介石伝説を破壊し、解体することにもあったからである。

では、蔣介石のいったい何が、これからの日本人にとって禍《わざわい》であると締めくくるべきであろうか？

哲学者カントの言葉に「親切は、不平等を通じてのみ現われる」という言葉がある。カントは「親切は不完全義務であって、道徳的行為ではない」とも言う。カントは決して親切そのものが嫌いな冷たい人間ではなかった。しかし彼は親切それ自体の美しさよりも、「親切」という行為がもたらす人間の優越感・劣等感・軽蔑・卑屈、そういうものに執拗な関心と批判を注いだのだ。「親切を施す人間」は、「親切を施される人間」よりも、心理的にも、外観的にも無条件に優位な関係に立ってしまう、そのことがカントには、どうしても不可解だったのである。

日本人は親切好きの国民とよく言われるし、それはその通りであろう。しかしカントからすれば、日本人ほど親切がもたらす様々な不幸に鈍感な面々はいないということになるであろう。日本人は親切好きであるとともに、親切に弱い。親切を受けた瞬間、そのことへの美的感動から、何もかもがわからなくなってしまう。カントの提示する「親切」に関しての深刻な問題は、ふつうは日本人同士では、ほとんど起きないからである。

蔣介石を何よりも許しがたいのは、この日本人の弱点を知り尽くしていた上で、自分の政治的延命のために、「以徳報怨」の謀略を行なったということにある。戦後七〇年近くたつというのに、日本人の多くが、蔣介石の「以徳報怨」によって、蔣介石と日本の関係が巧みに不平等化されてしまったということ自体に、まだ気づいていない。本書の内容の繰り返しになるが、日本人は「赦す」という蔣介石の親切行為に感動した瞬間に、「悪を犯した」という劣位におかれてしまったのだ。

最近の日本人は、さすがに中国共産党政権の傲慢や漢民族のしたたかさに対して懐疑的になってきている。しかし中国共産党政権は「親切」の悪用を日本人に対して行なわず、日本人を単に怒らせているだけである。蔣介石より役者が何枚も下である。もしこれからの中国に、蔣介石のような日本人の精神構造を知り尽くした悪知恵の持ち主が現われたとき、その持ち主の「親切」によって、日本人が中国や漢民族への懐疑を忘れないという保証はどこにもない。私たち日本人は怒るより前に、自分自身の複眼の足りなさにもっと自覚的でなければならないと思う。

蔣介石の正体を知らないことは、日本人に禍《わざわい》をもたらし、その正体を知ることは、幸福をもたらす。日本人が本当の意味での外国人への抵抗力を身につけることを意味するからである。中国人に限ることなく、外国人とコミュニケーションを取るためには、「親切」や「優しさ」を複眼で見つめなければならない。本書がそうした日本人の覚醒に少しでも役立ってくれれば何より幸いである。

今回、本書を刊行する祥伝社に私を紹介してくださった西尾幹二先生に心よりお礼を申し上げたい。紹介だけでなく先生には執筆中、何度も温かい励ましとアドバイスをいただいた。また大学時代のサークルの先輩であり、長年の知友であるジャーナリストの小野紳介さんには、本書の論を展開する上で必要と思われる文献を色々と教えていただいた。書籍に関しての驚異的な情報力を有する小野さんは、私の知力に関してのスコアラーのような存在であり、実は辻政信という悪魔的軍人の存在を大学時代はじめて私に教えてくれたのも彼だった。両者に深い感謝の念を奉げることで、本書の締めくくりとしたいと思う。

参考文献一覧

『亜細亜の共感』辻政信著（亜東書房）
『潜行三千里』辻政信著（毎日新聞社）
『ガダルカナル』辻政信著（養徳社）
『ノモンハン』辻政信著（亜東書房）
『十五対一』辻政信著（酣燈社）
『蔣介石秘録12 日中全面戦争』（サンケイ新聞社）
『蔣介石秘録13 大東亜戦争』（サンケイ新聞社）
『大陸打通作戦』佐々木春隆著（光人社NF文庫）
『帝国陸軍の最後』伊藤正徳著（光人社NF文庫）
『辻政信と七人の僧』橋本哲男著（光人社NF文庫）
『悪魔的作戦参謀 辻政信』生出寿著（光人社NF文庫）
『日中戦争はドイツが仕組んだ』阿羅健一著（小学館）
『服部卓四郎と辻政信』高山信武著（芙蓉書房出版）
『権謀に憑かれた参謀 辻政信』田々宮英太郎著（芙蓉書房出版）

参考文献一覧

『「政治家」辻政信の最後』生出寿著（光人社）
『参謀・辻政信』杉森久英著（河出文庫）
『松井石根と南京事件の真実』早坂隆著（文春新書）
『蔣介石神話の嘘』黄文雄著（明成社）
『昭和史の軍人たち』秦郁彦著（文藝春秋）
『「坂の上の雲」に隠された歴史の真実』福井雄三著（主婦の友社）
『世界最強だった日本陸軍　スターリンを震え上がらせた軍隊』福井雄三著（ＰＨＰ研究所）
『蔣介石』保阪正康著（文春新書）
『孫文』田所竹彦著（新人物文庫）
『大本営参謀は戦後何と戦ったのか』有馬哲夫著（新潮新書）
『原発・正力・ＣＩＡ』有馬哲夫著（新潮新書）
『二十世紀　日本の戦争』猪瀬直樹、福田和也その他編著（文春新書）
『ノモンハンの夏』半藤一利著（文春文庫）
『指揮官と参謀』半藤一利著（文春文庫）
『辻政信と消えた金塊』宮城賢秀作（学研Ｍ文庫）
『ジパング』かわぐちかいじ作（講談社）

『虹色のトロツキー』安彦良和作（中公文庫 コミック版）
『石原莞爾』青江舜二郎著（中公文庫）
『戦争史大観』石原莞爾著（中公文庫）
『最終戦争論』石原莞爾著（中公文庫）
『黒シャツの独裁者 統領ムソリーニ』C・ヒッバート著 加藤俊平訳（サンケイ新聞社）
『ジョゼフ・フーシェ 政治のカメレオン』長塚隆二著（読売新聞社）
『ヒトラー語録』アイバンホー・ブレダウ編 小松光昭訳（原書房）
『存在と無』ジャン＝ポール・サルトル著 松浪信三郎訳（ちくま学芸文庫）
『西尾幹二全集 第3巻 懐疑の精神』西尾幹二著（国書刊行会）
『われ巣鴨に出頭せず 近衛文麿と天皇』工藤美代子著（中公文庫）
『昭和の宰相 第3巻 東条英機と軍部独裁』戸川猪佐武著（講談社）
『人が好き』瀬戸内寂聴著（講談社文庫）
『寂聴中国再訪』瀬戸内寂聴著（NHK出版）
『「南京事件」の探究』北村稔著（文春新書）
『漢奸裁判』劉傑著（中公新書）
『私は苦難の道を行く 汪兆銘の真実』上坂冬子著（講談社）

切りとり線

★読者のみなさまにお願い

この本をお読みになって、どんな感想をお持ちでしょうか。祥伝社のホームページから書評をお送りいただけたら、ありがたく存じます。今後の企画の参考にさせていただきます。また、次ページの原稿用紙を切り取り、左記まで郵送していただいても結構です。

お寄せいただいた書評は、ご了解のうえ新聞・雑誌などを通じて紹介させていただくこともあります。採用の場合は、特製図書カードを差しあげます。

なお、ご記入いただいたお名前、ご住所、ご連絡先等は、書評紹介の事前了解、謝礼のお届け以外の目的で利用することはありません。また、それらの情報を6カ月を越えて保管することもありません。

〒101－8701（お手紙は郵便番号だけで届きます）
祥伝社新書編集部
電話03（3265）2310
祥伝社ホームページ　http://www.shodensha.co.jp/bookreview/

★本書の購買動機（新聞名か雑誌名、あるいは○をつけてください）

＿＿＿新聞の広告を見て	＿＿＿誌の広告を見て	＿＿＿新聞の書評を見て	＿＿＿誌の書評を見て	書店で見かけて	知人のすすめで

★100字書評……蔣介石の密使　辻政信

名前

住所

年齢

職業

渡辺 望　わたなべ・のぞむ

1972年群馬県生まれ。早稲田大学大学院法学研究科（刑事法研究室）修了。西尾幹二氏に師事し、雑誌やインターネットで評論活動を展開する。著書に『国家論』（総和社）。『西尾幹二のインターネット日録』（総和社）に長編の論考を掲載。雑誌「正論」2011年２月号の内田樹論、2011年９号の加藤陽子論、2011年10月号の仲小路彰論、「撃論ムック」2010年冬号の姜尚中論など。ブログ「倶楽部ジパング・日本」を執筆運営。

蔣介石《しょうかいせき》の密使《みつし》 辻政信《つじまさのぶ》

渡辺《わたなべ》 望《のぞむ》

2013年11月10日　初版第１刷発行
2013年12月５日　　　第２刷発行

発行者……………竹内和芳
発行所……………祥伝社しょうでんしゃ
〒101-8701　東京都千代田区神田神保町3-3
電話　03(3265)2081(販売部)
電話　03(3265)2310(編集部)
電話　03(3265)3622(業務部)
ホームページ　http://www.shodensha.co.jp/

装丁者……………盛川和洋
印刷所……………萩原印刷
製本所……………ナショナル製本

Printed in Japan　ISBN978-4-396-11344-5　C0221